Nie mehr Langeweile!

Das große Spiele- und Rätselbuch

Bassermann

Für dich, Eva

Frühling

Verrückter Frühling

In diesem Bild verstecken sich 6 Sachen, die nicht zur Frühlingszeit passen. Findest du sie?

Geflügelter Doppelgänger
Welcher Schmetterling sieht genauso aus wie der oben abgebildete?

Grüne Daumen, schöne Pflanzen

Für eilige Gärtner – Kressesamen

Kressesamen kann man in Kaufhäusern oder Gartengeschäften kaufen. Es ist ganz einfach Kresse zu ziehen. Man legt eine Watteschicht auf eine Untertasse und gießt Wasser darauf. Dann legt man die Kressesamen auf die Watte. Die Watte muss auch in den folgenden Tagen immer feucht gehalten werden. Nach drei Tagen wirst du schon Erfolge sehen. Und nach fünf Tagen kannst du die Kresse schneiden und auf dein Butter- oder Quarkbrot streuen. Schmeckt gut!

Kresse-Ei

Wer für besondere Frühstücksrunden ein bisschen frische Kresse bereitstellen will (zum Beispiel für das Geburtstagskind) kann auch ein hübsches Kresse-Ei ziehen. Dazu brauchst du eine halbe Eierschale. Lege Watte in die Eierschale, gieße etwas Wasser darüber und streue die Kressesamen darauf. Halte die Watte in den folgenden Tagen immer feucht. Nach fünf Tagen wird das Ei einen lustigen Kressekopf haben. Wer mag, malt dem Ei noch ein Gesicht auf.

Samen pflanzen

In nur wenigen Tagen kann man eine herrliche Samensammlung zusammenstellen, die dann zu einem kleinen Kinderzimmer-Garten wird. Wo findest du Samen? Zum Beispiel in der Küche: Zitronenkerne, Apfelsinenkerne, Linsen, Bohnen, Erbsen, Paprikakerne, Knoblauchzehen und Zwiebeln eignen sich gut. Auch draußen findest du Samen: Kastanien, Eicheln, Ahornsamen, Bucheckern und die Samen im Tannenzapfen. Und so wird's gemacht: Du brauchst Erde (gibt es in Kaufhäusern, Gartengeschäften und oft auch in Drogerien) und einige Töpfe. Tontöpfe solltest du über Nacht im Wasser stehen lassen. Leere Joghurtbecher eignen sich auch gut.

Du tust dann etwas Erde in den Topf, legst den Kern oder die Samen hinein, deckst alles mit noch mehr Erde zu und gießt Wasser darauf. Es ist gut, die Töpfe zu beschriften, damit du weißt, welche Pflanze es wird. Die Töpfe musst du ans Fenster stellen. Jetzt heißt es warten und die Erde feucht halten (übertreibe es aber nicht mit dem Wasser). Die Pflanzen werden unterschiedlich lange brauchen, bis sie durch die Erde stoßen. Manche Samen werden vielleicht gar nicht aufgehen – probiere es einfach noch mal.

Ein Windrad für den Blumentopf

Solange die Pflanzen in deinen Töpfen noch nicht groß sind, kannst du deinen Kinderzimmer-Garten mit einem schönen Windrad verzieren. Du brauchst eine Schere, einen Bogen Tonpapier, einen Stock und eine Büroklammer. Und so wird's gemacht: Schneide aus dem Tonpapier ein Quadrat aus, das an jeder Seite 20 cm lang ist. Falte die linke obere Ecke auf die rechte untere Ecke und wieder zurück. Falte jetzt die linke untere Ecke auf die rechte obere und wieder zurück. Nun schneidest du alle Ecken entlang der Faltlinie zur Mitte ein. Die Einschnitte sollten etwa 10 cm lang sein. Nun biegst du vier Ecken zur Mitte und steckst alle mit dem Draht einer Büroklammer (die Büroklammer hast du vorher gerade gebogen) zusammen. Ein Ende des Drahtes wickelst du um den Stab, das andere Ende biegst du etwas um.

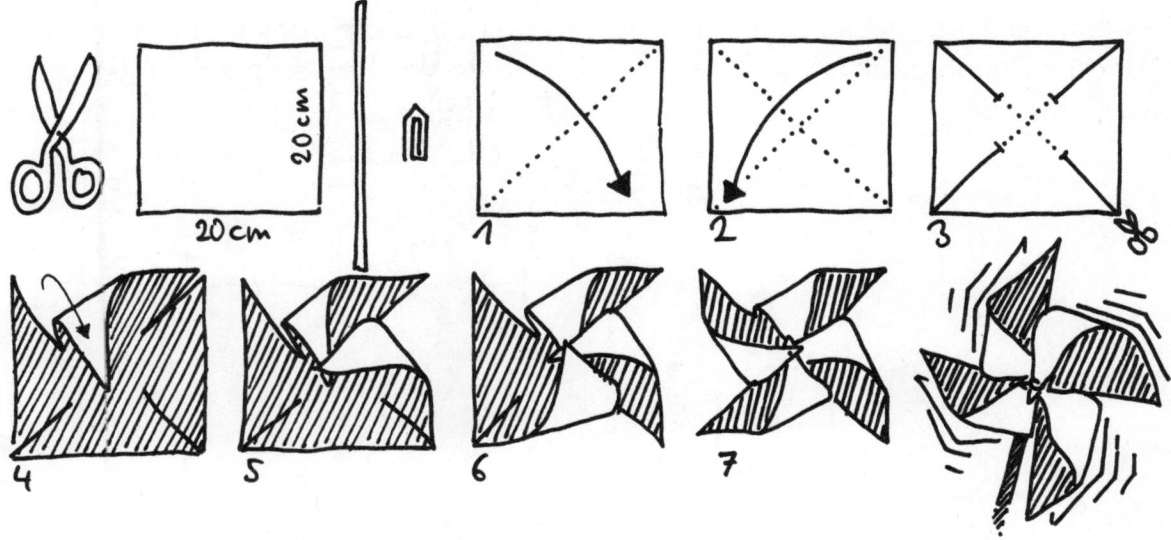

Schmetterlinge für den Blumentopf

Du kannst deine Blumentöpfe auch mit bunten Schmetterlingen schmücken. Um die Schmetterlinge zu basteln, brauchst du weißes Papier, Schere, Pinsel und Wasserfarben. Zeitungspapier zum Unterlegen wäre auch ganz prima. Das weiße Papier faltest du einmal in der Mitte. Male nun einen halben Schmetterling auf das Papier. Seine Mitte muss genau mit der Faltkante des Papiers abschließen. Schneide den Schmetterling aus (durch beide Papierschichten hindurch) und falte das Papier auf. So bekommst du einen schönen gleichmäßigen Schmetterling. Nun bemalst du eine Flügelseite mit Farbe und presst die beiden Flügel aufeinander, solange die Farbe noch feucht ist. So drückt sich das Farbmuster auf die andere Seite. Den Schmetterling klebst du mit Klebeband an deinen Blumentopf oder ans Fenster.

Rätsel

Versteckte Tiere
In diesem Wirrwarr verstecken sich senkrecht und waagerecht insgesamt 21 Tiere. Kannst du alle entdecken?

Im Kaufhaus
Der Wegweiser im Kaufhaus soll eigentlich helfen. Doch leider sind die Buchstaben durcheinander gekommen. Wer kann trotzdem erkennen, was sie bedeuten sollen?

```
S A L A M A N D E R
C D K G A N S E L E
H L A E U L E L E H
N E T S S X H P F A
E R Z E B R A H A F
C H E L A U S I N F
K A M E L H E N T E
E I P F A U H U N D
```

Lach mit

Der Lehrer fragt Evelyn: »Welcher Vogel baut kein Nest?« – »Der Kuckuck«, antwortet Evelyn. Der Lehrer ist ganz begeistert. »Richtig! Woher weißt du das?« – »Das ist ja wohl bekannt, dass die in Uhren wohnen, oder?«

Johannes fragt seinen Vater: »Papa, hilfst du mir bei den Hausaufgaben?« Daraufhin der Vater: »Nein, mein Sohn! Das wäre nicht richtig, wenn ich das machen würde!« Da sagt Johannes: »Das macht nichts! Hauptsache es ist überhaupt gemacht!«

Wo sind die Vögel?
Wie viele Vögel verstecken sich in diesem Bild?

Was passierte zuerst?
Wie ist wohl die richtige Reihenfolge dieser Geschichte?
Ordne die sechs Bilder neu.

Fangen spielen, einmal anders

Einhändiges Fangen
Am Anfang des Spiels wird eine Person ausgewählt, die anfängt, die anderen zu fangen. Ist dann jemand abgetickt, so muss der oder die weitermachen. Soweit ist alles wie immer. Doch man muss die anderen einhändig fangen. Die andere Hand liegt nämlich auf der Körperstelle, die der Fänger vorher beim Abticken berührt hat.

Tierisches Fangen
Ein Mitspieler versucht die anderen zu fangen. Ist der Fänger schon dicht dran, hat man als Flüchtender die Möglichkeit, einen Tiernamen aufzurufen. So ruft man zum Beispiel »Elefant« und bleibt dann stehen. Man kann dann nicht abgetickt werden, muss allerdings so lange stehen bleiben, bis man von einem dritten Mitspieler durch Berühren befreit wird. Dann darf man wieder mitlaufen und andere »Tiere« befreien.

Hier sind einige Abzählreime, damit ihr wisst, wer anfängt.

Ene, dene, dei,
die Henne legt ein Ei.
Der Hahn kräht auf
dem Mist
und du bist!

Eins, zwei, drei, vier, fünf,
strick mir ein paar Strümpf.
Nicht zu groß und nicht zu klein,
sonst musst du der Fänger sein!

Auf dem Klavier
steht ein Glas Bier.
Wer davon trinkt,
der stinkt!

Versteckten, einmal anders

Normalerweise verstecken sich alle bis auf einen, der dann suchen muss. Man kann das Spiel aber auch umdrehen. Einer versteckt sich. Die anderen trennen sich und suchen den einen. Wer ihn gefunden hat, kriecht mit in das Versteck. Das geht so lange, bis auch der letzte das Versteck gefunden hat.

Spielen und Basteln mit Steinen

Kreiszielen

Dieses Spiel kann man gut auf dem Spielplatz spielen. Mit Straßenkreide malt ihr vier Kreise auf den Asphaltboden und zwei Meter davon entfernt eine Startlinie. Stellt euch an der Startlinie auf und versucht kleine Steine in die Kreise zu treffen. Wer hat am meisten Steine in den Kreisen?

Eierkarton-Zielwerfen

Für dieses Spiel braucht ihr einen leeren Eierkarton, von dem der Deckel abgetrennt wird. Die einzelnen Vertiefungen in dem Eierkarton werden mit Zahlen beschriftet. Nun stellt ihr euch etwa einen Meter vom Eierkarton entfernt auf und versucht kleine Steinchen in den Eierkarton zu treffen. Wenn ihr es schafft, notiert ihr die Punkte des Faches. Zum Schluss werden alle Punkte der einzelnen Spieler zusammengezählt. Wer hat die meisten?

Glücksschachtel

Wenn du einen kleinen, runden, flachen Stein findest, kannst du eine Glücksschachtel basteln. Dazu brauchst du eine leere Streichholzschachtel, Pinsel, Wasserfarben, und Klebe. Zuerst bemalst du die Hülle der Streichholzschachtel in deiner Lieblingsfarbe. Dann bemalst du den Stein mit roter und schwarzer Farbe, so dass er aussieht wie ein Marienkäfer. Den Marienkäfer klebst du oben auf die Schachtel. Fertig ist die Glücksschachtel, in der du kleine Dinge, zum Beispiel Ringe oder ausgefallene Milchzähne, aufbewahren kannst.

Blume
Die Reihenfolge der Bilder ist durcheinander geraten.
Wenn du sie in der richtigen Reihenfolge ordnest,
ergibt sich ein frühlingshaftes Lösungswort.

Bastelspaß

Hasenmaske

Nicht nur zu Ostern ist diese Hasenmaske eine lustige Sache. Du brauchst braunes Tonpapier, eine Schere, Klebe, Gummiband, weißes Papier und einen schwarzen Stift. Aus dem Tonpapier schneidest du einen Kreis aus, der groß genug ist, um dein Gesicht zu verdecken. Schneide die Löcher für die Augen aus dem Tonpapier und male die Nase, die Schnurrhaare und den Mund auf die Maske. Aus weißem Papier schneidest du dann Hasenzähne aus und klebst sie an den Mund. Danach klebst du Hasenohren an die Maske, die du aus dem braunen Tonpapier zugeschnitten hast. Zum Schluss bohrst du zwei kleine Löcher in die Maske – jeweils eine am linken und am rechten Rand. Durch diese Löcher ziehst du das Gummiband, so kannst du die Maske aufsetzen.

Schweinemaske

In der gleichen Art kannst du viele andere Tiermasken basteln, zum Beispiel eine Schweinemaske. Dazu brauchst du rosa Tonpapier. Die Schweineschnauze kannst du gut aus einem Stück von einem leeren Eierkarton basteln. Dazu schneidest du ein Eierfach aus, malst es rosa an und klebst es mit Klebestreifen an die Maske.

Denke dir gemeinsam mit Freunden weitere Tiere aus und bastelt die passenden Masken dazu. Dann könnt ihr tierisch gut spielen.

Wie koche ich Eier?
Zum Eierkochen brauchst du kochendes Wasser. Und so wird's gemacht: Fülle frisches Wasser in einen Topf, am besten in einen Stieltopf. Du brauchst nicht allzu viel Wasser – nur so viel, dass die Eier, die später hineinkommen, gerade mit Wasser bedeckt sind. Stelle den Topf auf die passende Herdplatte und schalte sie ein. Du sparst viel Energie, wenn du einen Deckel auf den Topf legst. Wenn das Wasser sprudelnd kocht, kommen die Eier hinein. Eier können platzen. Man kann sie zwar dann immer noch essen, aber es sieht oft ein bisschen unappetitlich aus. Eier platzen nicht so leicht, wenn du ein kleines Loch in die Unterseite (die stumpfe Seite) stichst. Das geht mit einem eigens dafür gemachten Eierpiekser oder auch mit einer Stecknadel.

Die »gelochten« Eier bringst du nun vorsichtig mit einem großen Löffel in das kochende Wasser. Jetzt musst du auf die Uhr schauen oder die Eieruhr stellen.

- 5 Minuten Kochzeit: weiche Eier
- 7 Minuten Kochzeit: mittelweiche Eier
- 10 Minuten Kochzeit: harte Eier

Manche Leute lieben weiche Eier, manche bevorzugen sie steinhart, bei andern muss das Eiweiß fest sein und die Mitte vom Gelben noch etwas flüssig. Es ist schwer, es allen recht zu machen, besonders wenn man mit mehreren Menschen frühstückt, und jeder »sein« Ei haben will. (Wenn jemand in deiner Frühstücksrunde gerne ein weiches Ei haben will, kannst du es nach 5 Minuten mit dem Löffel aus dem kochenden Wasser holen). Wenn die Kochzeit um ist, nimmst du den Topf von der Herdplatte (abstellen nicht vergessen!). Jetzt wird das heiße Wasser in der Spüle abgegossen. Und dann schreckst du die Eier ab, das bedeutet, du lässt kaltes Wasser über die Eier laufen. Warum man das macht? Die Eier lassen sich dadurch leichter pellen.

Rührei
(für 2 Personen)

- 3 Eier
- 5 Esslöffel Milch
- eine Prise Salz
- eine Prise Pfeffer
- etwas frischer Schnittlauch
- ein Stück Butter (oder Margarine)

Die Eier werden aufgeschlagen und in eine Rührschüssel gegossen. Schütte nun auch die Milch in die Rührschüssel. Und die Prisen Salz und Pfeffer. Eier, Milch, Salz und Pfeffer verrührst du nun mit einer Gabel, bis das Ganze etwas aufschäumt. Wasche eine Handvoll Schnittlauch ab, schneide ihn in kleine Röllchen und gib ihn ebenfalls in die Schüssel.
Dann wird ein Stück Butter in einer Pfanne erhitzt. Ist die Butter zerschmolzen, gibst du die Eiermasse in die Pfanne. Lass sie fest werden und rühre zwischendurch immer mal wieder um. Nach etwa 4 Minuten ist das Rührei fertig. Schmeckt lecker auf Schwarzbrot oder Toastbrot mit einer Tomate!

Wie schlägt man Eier auf?
Schlage die Mitte des Eis am Rand einer Schüssel an, so dass die Schale Risse bekommt. Halte das Ei über die Schüssel und breche die Eierschale mit beiden Daumen auf. Mit etwas Übung wirst du das gut hinbekommen. Am Anfang fallen dir vielleicht noch Eierschalenstücke in die Schüssel. Die kannst du mit einem Löffel wieder herausfischen – alles nicht so schlimm!

Was ist eine Prise?
Hinter diesem komischen Wort verbirgt sich eine Mengenangabe. Eine Prise ist die Menge, die man zwischen Zeigefinger und Daumen halten kann. Für eine Prise Salz musst du also mit Zeigefinger und Daumen einmal in den Salztopf greifen.

Wie trennt man Eiweiß und Eigelb?

Schlage die Eier an einem Glas an, so dass die Schale einen Riss bekommt. Breche die Schale dann mit beiden Daumen auf, doch halte das Ei dabei so, dass der Riss nach oben zeigt. Dann lässt du das Eigelb von einer Schalenhälfte zur anderen gleiten, das Eiweiß soll dabei in das Glas fließen. Mach das so lange, bis du wirklich nur noch das Eigelb in einer Schalenhälfte hast.

Das Eigelb tust du dann in ein anderes Gefäß. Bevor du das zweite Ei trennst, solltest du das Eiweiß im Glas ebenfalls in ein anderes Gefäß geben. Denn falls dir das Trennen beim nächsten Ei nicht gelingt, hast du wenigstens deine bisherigen Erfolge gesichert.

Pfannkuchen
(reicht für 6 dicke Pfannkuchen)

- 250 Gramm Mehl
- 1/2 Liter Milch
- 1/2 Teelöffel Salz
- 5 Eier
- etwas Butter (oder Margarine)

Um leckere Pfannkuchen zu machen, muss das Eiweiß und das Eigelb der Eier getrennt werden. Trenne von 5 Eiern das Eigelb und das Eiweiß. Gib das Eiweiß und etwas Salz in eine Rührschüssel und schlage es mit einem elektrischen Rührgerät steif.

Woran erkennt man steifes Eiweiß? Wenn du mit einem Gemüsemesser durch das Eiweiß schneidest und dann der Riss im Eiweiß erkennbar ist, ist es gut. Verrühre nun in einer anderen Schüssel das Eigelb und die Milch, gib auch hier eine Prise Salz hinzu. Nach und nach kommt das Mehl hinzu, rühre zwischendurch immer mal wieder um. Danach hebst du das steif geschlagene Eiweiß darunter. Der Teig sollte jetzt 15 Minuten ruhen. Also etwas Geduld. Die Zeit vergeht schnell, wenn du inzwischen die dreckigen Küchengeräte abspülst.

Erhitze nun ein Stück Butter (oder Margarine) in einer Pfanne. Wenn das Fett heiß ist, gibst du eine Kelle des Teigs in die Pfanne. Bewege die Pfanne hin und her, so dass sich der Teig gleichmäßig verteilt. Einen Augenblick warten, dann greifst du mit dem Bratenwender unter den Pfannkuchen, um zu sehen, ob die Unterseite schon fest ist. Alles klar? Dann muss der Pfannkuchen jetzt umgedreht werden – keine leichte Aufgabe! Am besten lässt du den Pfannkuchen auf einen Topfdeckel gleiten (der muss natürlich groß genug sein), dann kippst du den Pfannkuchen mit Schwung zurück in die Pfanne. Eventuell musst du vorher wieder ein Stück Butter in die Pfanne geben. Pfannkuchen schmecken lecker mit Kompott oder mit Marmelade. Du kannst sie auch einfach mit ein wenig Zucker bestreuen.

Eiajajei

»Unser Klassenlehrer behandelt uns wie rohe Eier«, erzählt Niklas.
»So einen netten Lehrer habt ihr?«, fragt Bettina.
»Ach was. Er haut uns in die Pfanne!«

Vater in der Sprechstunde: »Meine Tochter ist fest davon überzeugt, sie sei ein Huhn!«
Arzt: »Warum sind sie nicht schon früher gekommen?«
Vater: »Ach wissen Sie, Herr Doktor, wir brauchen so dringend die Eier!«

Der Hahn bringt ein Straußenei in den Hühnerstall.
»Meine Damen, ich will Ihnen nicht zu nahe treten, aber ich wollte nur mal zeigen, was anderswo geleistet wird!«

Klaus macht mit seinen Eltern Ferien auf dem Bauernhof.
Als er ungezogen ist, sperren sie ihn in den Hühnerstall.
Brüllt Klaus: »Bildet euch ja nicht ein, dass ich Eier lege!«

Sagt die Hausfrau auf dem Markt: »Diesen Hasen will ich nicht, der ist ja voller Schrotkörner!«
Die Marktfrau antwortet: »Dann nehmen Sie doch den hier, der hat Selbstmord begangen.«

Schneller Besuch

Lion ist kurz aus seinem Zimmer gegangen.
Als er zurückkommt, stutzt er. Der Osterhase war da!
Was hat er mitgebracht?

Doppelei

Jakob freut sich sehr über die vielen Ostereier.
»Und kein Ei ist wie das andere!«, sagt er stolz.
Da täuscht er sich. Es gibt einen Doppelgänger.
Wo?

Überraschungsei
Das allergrößte Osterei hat Lennard zuerst aufgegessen.
Drinnen war eine Überraschung versteckt.
Was war drin? Mal weiter!

Es grünt so grün
Wer steht im Frühling auf der Wiese?
Verbinde die Punkte von Zahl zu Zahl.

21

Papiermaché

Schlangen-Spardose

Für diese Spardose brauchst du einen länglichen Luftballon, eine alte Zeitung, Tapetenkleister, Pinsel und Malfarben. Und so wird's gemacht: Zuerst solltest du den Arbeitstisch mit Zeitungspapier abdecken. Das ist besser, denn es wird geklebt und gemalt. Den Rest der Zeitungsblätter zerreißt du zu Streifen. Dann pustest du den Luftballon auf und knotest das Ende zu. Rühre den Tapetenkleister an (so wie es auf der Packung beschrieben wird), streiche etwas davon mit einem Pinsel auf einen Zeitungsstreifen und klebe den Streifen auf den Ballon. Das machst du weiter, bis nichts mehr vom Luftballon zu sehen ist.

Überraschungs-Osterei

Für das Osterei brauchst du einen runden Luftballon, den du – wie links beschrieben – ebenfalls mit Zeitungspapier beklebst. Wenn das Zeitungspapier getrocknet ist, bemalst du das Ei und schneidest es in der Mitte durch. Dazu brauchst du ein großes Messer und die Hilfe eines Erwachsenen. Jetzt kannst du eine Überraschung in das Ei legen und es dann mit Klebebändern und einer großen Schleife wieder schließen.

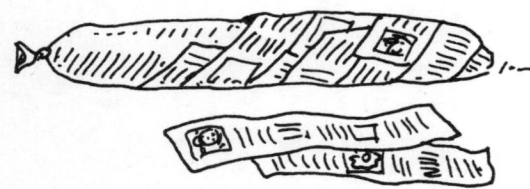

Klebe die Streifen so auf den Ballon, dass sie sich immer ein Stück überlappen, also in mehreren Schichten übereinander liegen. Jetzt musst du leider warten. Das Zeitungspapier muss richtig gut durchtrocknen, am besten über Nacht. Wenn du auf den Ballon klopfst und er sich hart anfühlt, kannst du weitermachen. Jetzt malst du die Schlange mit Wasserfarben an – ganz nach deinem Geschmack. Zum Schluss schneidest du einen Schlitz in den Rücken der Schlange – fertig ist die Spardose.

Mobiles basteln

Ring-Mobile
Für dieses Mobile brauchst du einen Holzring von etwa 20 cm Durchmesser (gibt es im Bastelgeschäft). Mit Bindfäden kannst du nun viele Dinge an den Ring hängen. Du kannst zum Beispiel lauter Tiere auf Tonpapier malen, ausschneiden und an den Ring hängen. Dazu fädelst du einen Bindfaden auf eine Nadel, stichst mit der Nadel durch das Tonpapier und ziehst Nadel und Faden hindurch. Dann bindest du den Faden oben an den Ring. Es sieht besonders schön aus, wenn die Fäden unterschiedlich lang sind. Zum Schluss knotest du die Enden eines festen Wollfadens an den Ring, so dass die Knoten gegenüberliegen. In die Mitte des Wollfadens knotest du einen zweiten, an dem du das Mobile aufhängen kannst.

Wolken-Mobile
Aus blauem Tonpapier schneidest du eine große Wolke aus. An die Wolke bindest du mit Bindfäden lauter Dinge, die am Himmel zu finden sind. Dazu malst du mit einer Tasse als Schablone lauter Kreise auf weißes Papier. In die Kreise malst du dann deine Himmelsboten: ein Vogel, ein Flugzeug, eine Sonne, ein Heißluftballon, ein Drachen und, und, und. Zum Schluss schneidest du die Kreise aus und bindest sie mit Hilfe von Nadel und Faden an deine blaue Wolke. Oben in die Wolke stanzt du mit einem Locher zwei Löcher, durch die du einen Wollfaden ziehst und verknotest. Jetzt kannst du deinen Himmel aufhängen.

Lustiger Clown

Du brauchst eine Postversandrolle, Seidenpapier, einen bunten Stoffrest, Schere, Klebstoff, schwarzen Filzstift, rote Farbe und buntes Tonpapier.

1. Teile das obere Drittel der Pappröhre für das Gesicht ab und markiere es. Auf den unteren Teil malst du dem Clown einen bunten oder einfarbigen Anzug. Knülle 3 Stücke Seidenpapier von 10 x 10 cm zu kleinen Kugeln zusammen und klebe sie als Knöpfe auf. Aus dem Stoffrest bindest du eine dicke Schleife und klebst sie oben unter den Hals.

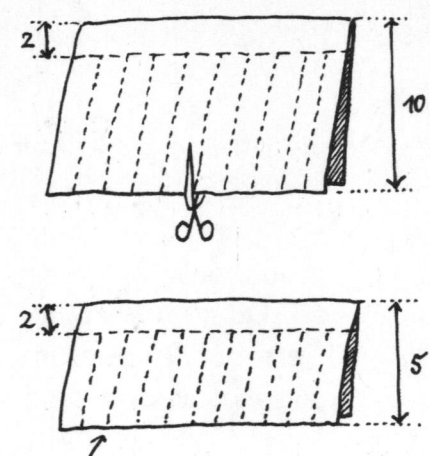

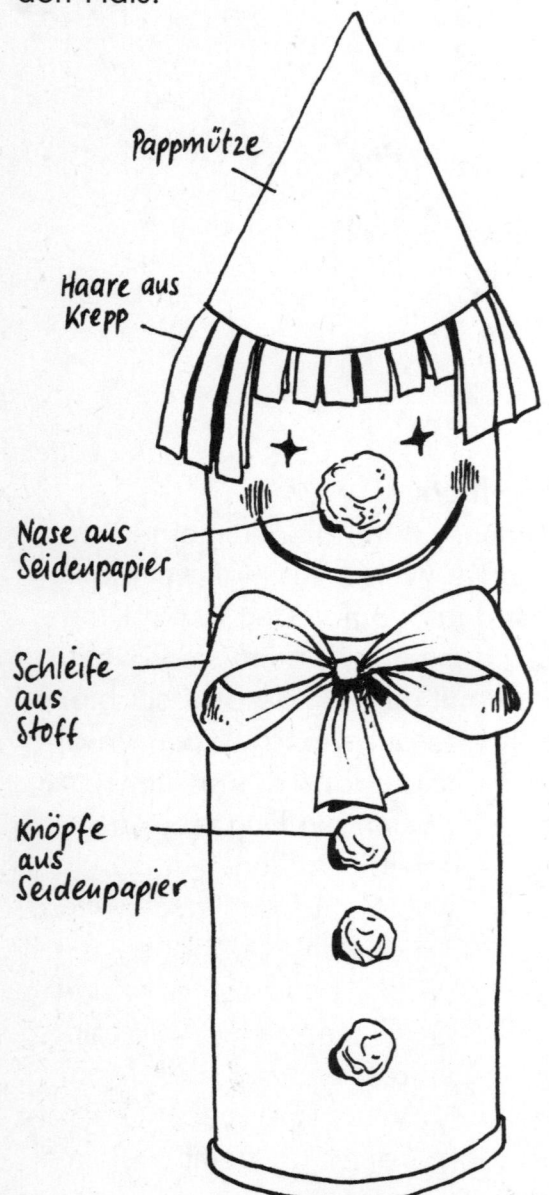

2. Male mit dem Filzstift die Augen auf. Dann zeichnest du rote Wangen und einen großen Mund. Knülle ein 10 x 10 cm großes Stück Seidenpapier zu einer Kugel und klebe sie als Nase auf. Die Haare bastelst du aus doppelt gelegtem Krepppapier (Maße entnimmst du der Zeichnung), das du in etwa 1 cm breite Streifen schneidest. Dabei bitte einen 2 cm breiten Rand stehen lassen. Klebe die längeren Haare vorsichtig um die Rolle herum. Dabei das Stück für den Pony frei lassen. Nun den Pony mit Klebstoff einstreichen und über die Augen kleben.

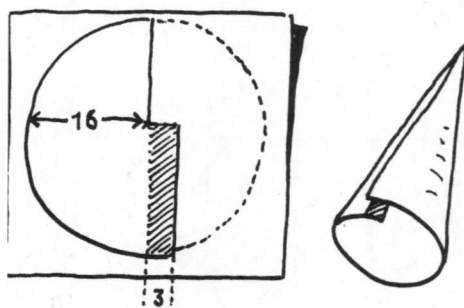

3. Zeichne auf die Innenseite des Buntpapiers einen Halbkreis, dessen halber Durchschnitt 16 cm beträgt und der eine Klebelasche von 3 cm Breite hat (siehe Zeichnung). Schneide ihn aus, streiche Kleber auf die Klebelasche und klebe den Halbkreis zu einer Bleistiftspitze zusammen.

Zirkus-Witze

»So, Sie wollen also bei uns arbeiten«, sagt der Zirkusdirektor am Telefon. »Was können Sie denn so?« Der Anrufer überlegt: »Also, ich kann tanzen und singen, Rad fahren und Salto schlagen.« Dem Direktor reicht das nicht: »Und was können sie sonst noch?«, fragt er. »Naja, trompeten kann ich auch noch.« – »Für einen Artisten ist das viel zu wenig!«, will der Direktor das Gespräch beenden. Doch da sagt der Bewerber: »Ja, sagen Sie mal, was verlangen Sie denn sonst noch von einem Elefanten?«

Der Zirkus hat auf dem Dorfplatz seine Zelte aufgeschlagen. Plötzlich beginnt es in Strömen zu regnen. Aufgeregt ruft der Direktor: »Schnell, holt das Zebra rein!«

Während der Zirkusvorstellung. Der Dompteur kniet im Käfig in der Manege mit dem erloschenen Feuerreifen und bettelt den Löwen an: »Du sollst springen, bitte, nicht pusten!«

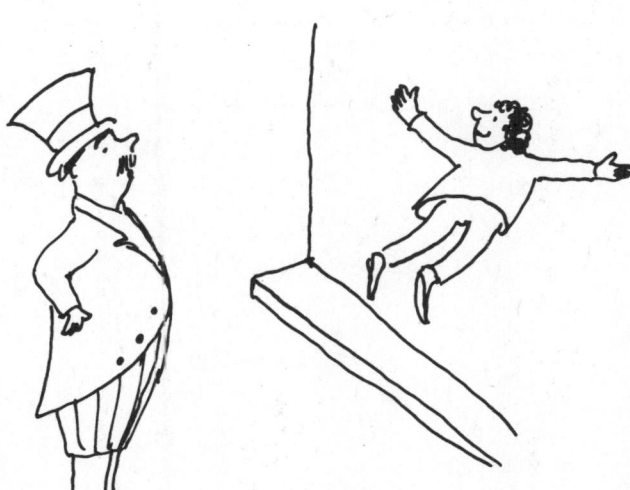

Ein Artist kommt zum Zirkusdirektor und fragt: »Kann ich bei ihnen auftreten? Ich kann nämlich alle Vögel nachahmen!«
»Das ist doch eine uralte Nummer.«
»Das ist aber schade!«, sagt der Artist, klettert aufs Fensterbrett, breitet die Arme aus und fliegt durchs offene Fenster davon.

Im Zirkuszelt brennt es. Alle schreien und rennen durcheinander. »Keine Panik!«, ruft der Zirkusdirektor. »Holt schnell den Feuerschlucker.«

Altes Auto

Du brauchst eine Postversandrolle, Pappkarton, Pinsel, Plakafarben, eine runde Käseschachtel, schwarzen Filzstift, Bleistift, Lineal und Klebstoff.

1. Zeichne einen großen Kreis von 30 cm Durchmesser auf die Pappe. Darein zeichnest du einen Innenkreis von 15 cm Durchmesser. Schneide Klebelaschen (siehe Zeichnung) aus dem äußeren Kreis. Diese Klebelaschen knickst du nach innen um und erhältst so den Verschluss für deine Rolle.

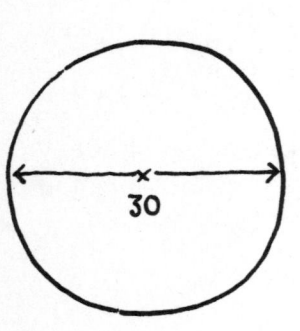 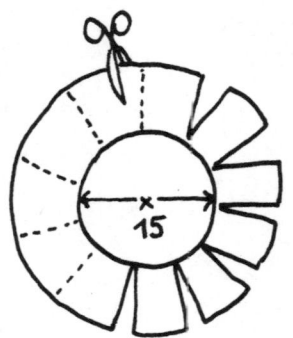 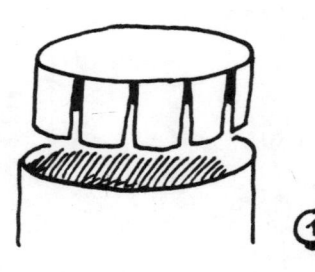

2. Klebe eine Hälfte der Käseschachtel als Autohaube vorne auf den Deckel.

3. Für die Räder schneidest du aus der Pappe vier gleich große Scheiben. Streiche sie jeweils oben mit wenig Klebstoff ein und klebe sie an der gewünschten Stelle auf die Papprolle. Zum Schluss malst du das Auto so an, wie du dir einen tollen Flitzer vorstellst.

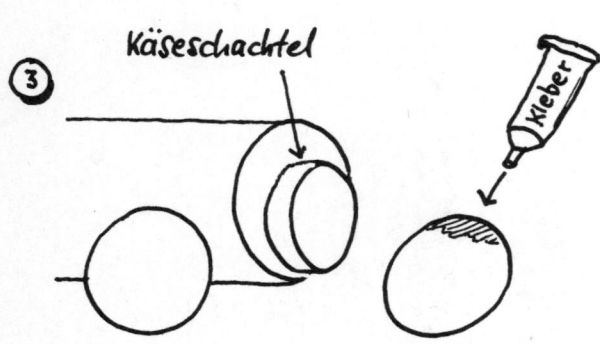 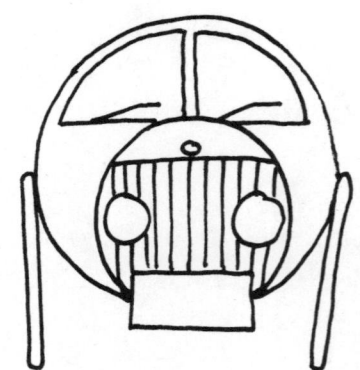

Zirkuswagen

Du brauchst eine Postversandrolle, Pappreste, Tonpapier, Schere, Bleistift, Klebstoff, Pinsel und verschiedene Plakafarben.

1. Säge die Rolle auf eine Länge von 40 cm zu. Dann schneidest du aus dem Tonpapier einen Streifen von 45 x 20 cm, aus der Pappe 4 Räder mit einem halben Durchmesser von 7,5 cm und eine Klebelasche von 2 x 10 cm.

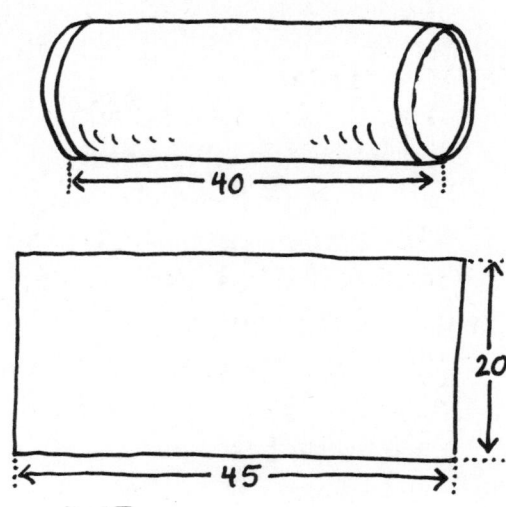

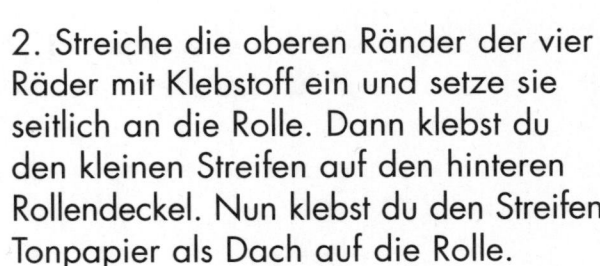

2. Streiche die oberen Ränder der vier Räder mit Klebstoff ein und setze sie seitlich an die Rolle. Dann klebst du den kleinen Streifen auf den hinteren Rollendeckel. Nun klebst du den Streifen Tonpapier als Dach auf die Rolle.

3. Jetzt bekommt der Zirkuswagen noch Fenster und einen bunten Anstrich. Wenn du magst, kannst du in dicken, schwarzen Buchstaben das Wort »Zirkus« (siehe Zeichnung) auf die Seite des Waggons malen.

Übrigens: Aus dem Auto von Seite 26 und zwei oder mehr Wagen von dieser Seite, kannst du einen richtigen Zirkuszug zusammensetzen, mit dem es sich prima spielen lässt.

Zaubertricks

Geld unterm Glas

Für diesen Zaubertrick brauchst du einen Tisch mit Tischdecke, drei Geldstücke und ein Glas. Lege die drei Geldstücke auf den Tisch und dann das Glas darauf. Das Glas soll kopfüber auf zwei Geldstücken stehen – das dritte Geldstück liegt ganz unter dem Glas. Frage nun dein Publikum, ob sie das mittlere Geldstück unter dem Glas hervorholen können, ohne das Glas anzufassen. Gar nicht einfach! Aber doch ganz leicht, wenn man den Trick kennt: Kratze mit einem Finger vor dem Glas an der Tischdecke. Das Geldstück fängt dann an, in deine Richtung zu wandern. Kratze so lange, bis du das Geldstück greifen kannst.

Zauberstab

Möchtest du einen Zauberstab basteln? Das ist ganz einfach. Beim nächsten Spaziergang suchst du dir einen Stock, der möglichst gerade ist. Es liegen ja oft abgefallene Ästchen auf dem Boden. Den Stock malst du dann mit Tusche schwarz an, das obere Ende wird weiß angemalt.

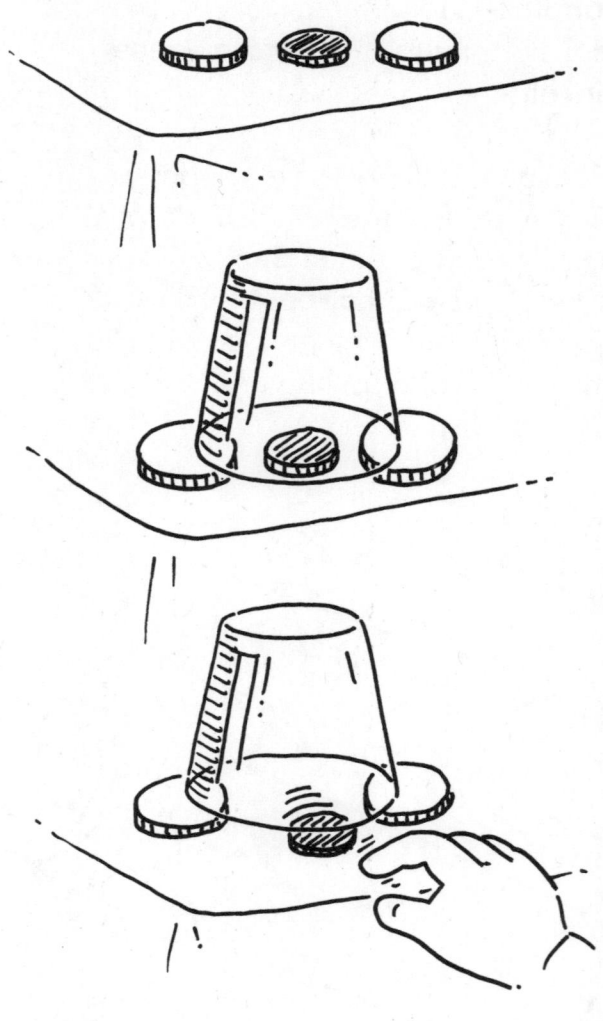

Zaubersprüche:

Abrakadabra!
Dreimal schwarzer Kater!

Simsalabim!
Das haut hin!

Ene-mene-dei,
der Zauber ist vorbei!

Edel-dedel-dinge,
Zauber gelinge!

Hokuspokus fidibus!
Der Zauber wirkt, er muss, er muss!

Aus dem Hut gezaubert
Was zaubert der Zauberer aus dem Hut?
Verbinde die Punkte von Zahl zu Zahl!

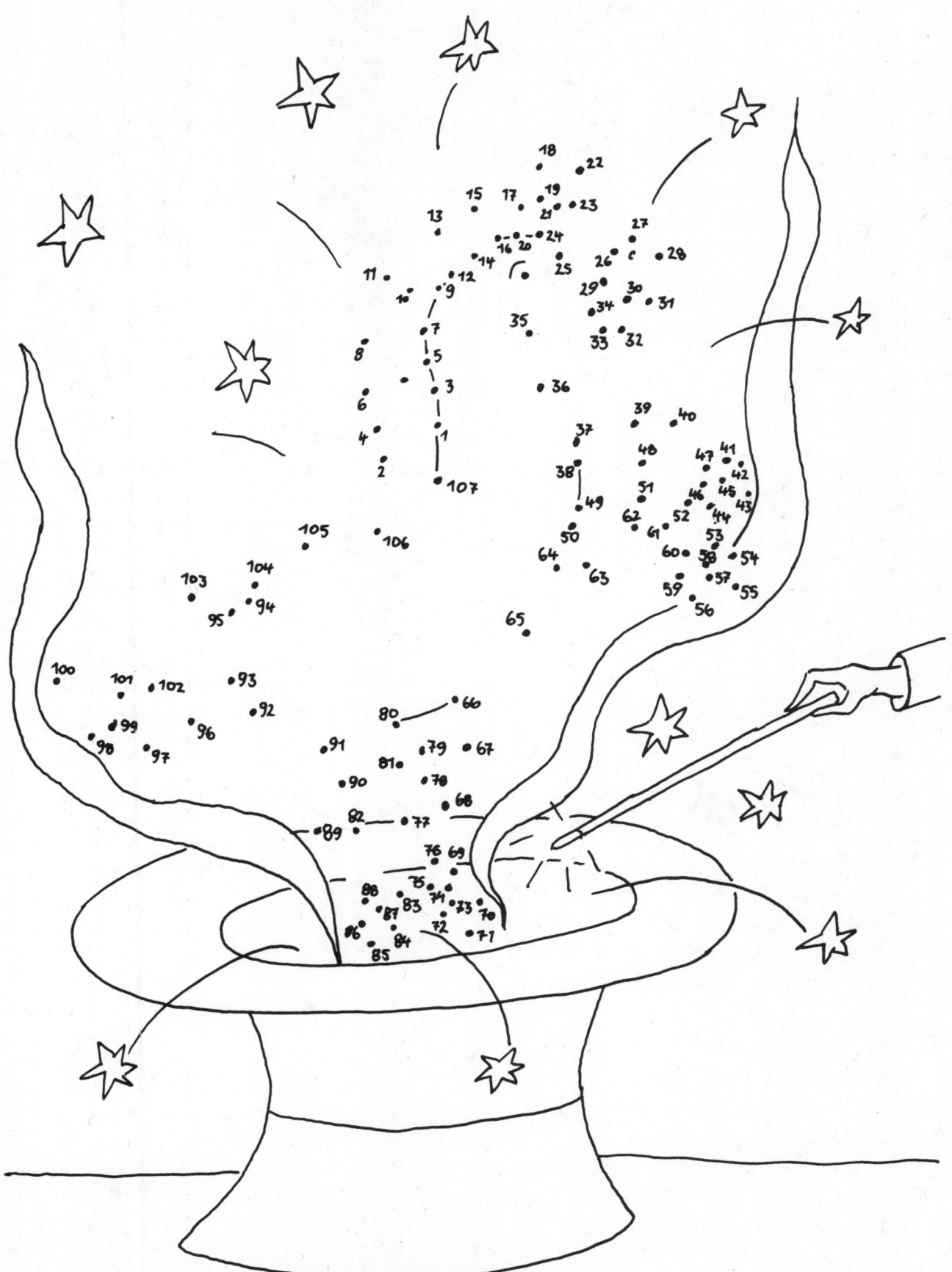

Jonglieren

Mit zwei gleich großen Bällen kannst du Jonglieren üben.

Grundstellung zum Jonglieren
Stelle dich gerade hin, die Füße sind schulterbreit auseinander, die Hände hältst du in Hüfthöhe. Sieh mit den Augen einfach geradeaus. Wenn du ständig auf die Bälle schielst, wirst du durcheinander kommen.

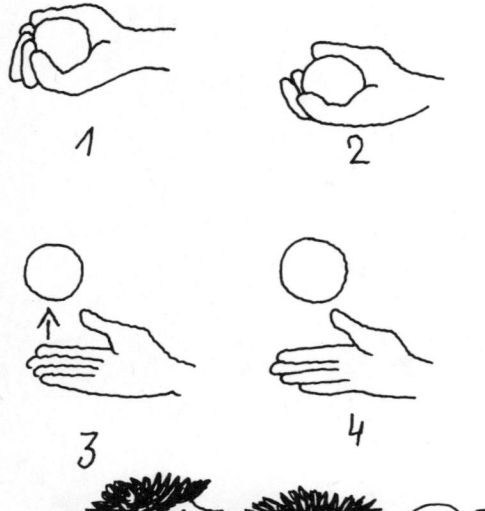

Das Poppen
Probiere erst mal das Poppen. Dazu legst du einen Ball in deine Hand und hältst sie etwas geschlossen. Versuche nun den Ball in die Luft zu werfen, indem du die Hand ganz schnell öffnest. Übe das Poppen. Beim Jonglieren ist es nämlich wichtig, die Unterarme möglichst wenig zu bewegen – und das erreicht man durch das Poppen.

Wurf mit zwei Bällen
Als nächstes übst du mit zwei Bällen. Nimm in jede Hand einen Ball, stell dich in die Grundhaltung und wirf den rechten Ball in einem Bogen hinüber zur linken Hand. Die Flughöhe sollte in Augen-Nasenhöhe liegen. Wenn der Ball an deinen Augen vorbeifliegt, wirfst du den linken Ball in die rechte Hand. Geschafft? Das muss man üben, aber vielleicht schaffst du es bald sogar mit drei Bällen!

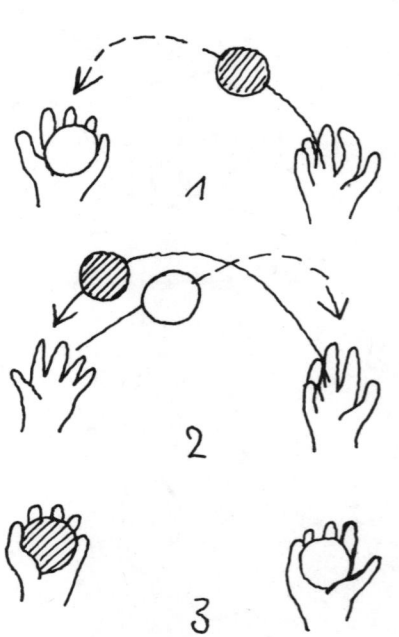

Zirkusverstecke

In diesem Gitter verstecken sich waagerecht, senkrecht und diagonal 14 Begriffe, die etwas mit dem Zirkus zu tun haben. Kannst du sie alle finden?

1. Manege
2. Zirkuszelt
3. Dompteur
4. Popcorn
5. Artist
6. Clown
7. Elefant
8. Salto
9. Loewe
10. Publikum
11. Akrobat
12. Zylinder
13. Pferde
14. Seil

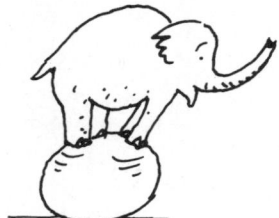

B	A	Z	M	A	N	E	G	E	I	A
Y	W	K	Z	R	N	M	R	A	L	R
S	Z	I	R	K	U	S	Z	E	L	T
P	R	Y	V	O	F	H	S	L	O	I
U	P	G	L	D	B	I	A	E	W	S
B	K	F	O	I	O	A	L	F	I	T
L	N	A	E	R	N	U	T	A	S	L
I	M	L	W	R	P	D	O	N	O	C
K	G	C	E	I	D	H	E	T	Z	L
U	D	O	M	P	T	E	U	R	P	O
M	A	E	S	U	Y	R	W	Z	O	W
N	E	P	O	P	C	O	R	N	U	N

Tierwitze

Ein kleiner Igel hat sich im Gewächshaus verlaufen und sucht verzweifelt den Heimweg. Jedes Mal, wenn er an einen Kaktus stößt, fragt er hoffnungsvoll: »Bist du es, Mami?«

Ein Kuhfladen hat eine Ameise unter sich begraben. Nach etlichen Stunden hat sie sich endlich hervorgearbeitet. Sie reibt sich ab und sagt: »So eine Gemeinheit! Genau ins Auge!«

Fragt Herr Schefe seine Frau: »Und, haben sich die neuen Mausefallen bewährt?« – »Und wie! Gestern lagen drei Mäuse davor, die sich über das System totgelacht haben!«

Der arme Student hat endlich einen Nebenjob ergattert: Er soll im Zoo einen Gorilla spielen, weil der echte an Altersschwäche gestorben ist und das Publikum nichts merken soll. Der Student macht seine Sache gut: Er hangelt sich am Käfiggitter entlang, kratzt sich, brüllt und frisst Erdnüsse. Das Publikum ist begeistert. Doch als der Student sich zu temperamentvoll durch den Käfig schwingt, landet er plötzlich im Löwenkäfig nebenan.
Zu Tode erschrocken brüllt er los: »Hilfe! Hilfe!«
Da hört er den Löwen zischeln: »Halt die Klappe, du Idiot! Sonst sind wir

Bastelspaß

Klammertiere

Diese lustigen Klammertiere halten wichtige Papiere oder Bilder zusammen.

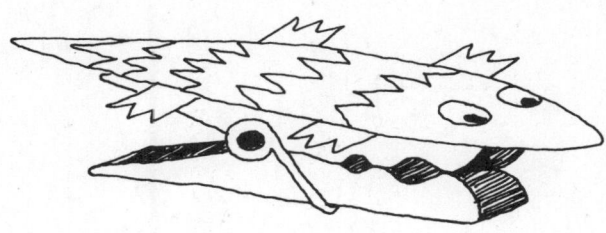

Du brauchst nur etwas dünne Pappe, eine Holzwäscheklammer, Schere und Kleber. Auf die Pappe malst du ein Tier deiner Wahl, zum Beispiel eine Maus, einen Igel oder einen Marienkäfer. Das Tier schneidest du dann aus und klebst es oben auf eine Klammerseite. Schon fertig!

Strumpfpuppe

Hast du einen Strumpf, der dir schon lange zu klein ist? Oder einen, wo der zweite spurlos verschwunden ist? Dann kannst du damit eine Strumpfpuppe basteln. Schneide aus dünner Pappe ein Ei aus und falte die obere Hälfte des Eis auf die untere. Das gefaltete Ei nimmst du in die Hand und ziehst den Strumpf über die Hand. Oben angelangt, öffnest du die Pappe und stopfst etwas Stoff hinein. So entsteht ein Mund, den du durch deine Handbewegung öffnen und schließen kannst. Jetzt klebst du der Strumpfpuppe noch Augen und Nase aus Filz oder Stoffresten auf. Einige angeklebte Haare aus Wollresten sind auch sehr witzig.

Ich gehe heute oben ohne

Spiele

Welches Tier bin ich?
Jeder von euch denkt sich für einen Mitspieler ein Tier aus. Abwechselnd stellt ihr euch nun Fragen, um herauszufinden, welches Tier der andere für euch erdacht hat. Die Fragen müssen so gestellt sein, dass sie mit »Ja« oder »Nein« zu beantworten sind. Also zum Beispiel: »Lebe ich in Afrika?« oder »Bin ich kleiner als eine Maus?« Durch diese Fragen grenzt ihr die Möglichkeiten so lange ein, bis ihr wisst, welches Tier ihr seid.

Ball-Spiel
Für dieses Spiel braucht man einen Ball und mindestens zwei Mitspieler. Man spielt es draußen an einer Wand. Einer fängt an und versucht den Ball zehnmal gegen die Wand zu werfen und wieder aufzufangen. Fällt der Ball runter, ist der nächste Mitspieler daran. Schafft er es jedoch, wird die nächste Runde etwas schwieriger. Denn jetzt muss der Ball zehnmal mit einer Hand geworfen und einhändig wieder aufgefangen werden. In der folgenden Runde wirft man den Ball gegen die Wand, klatscht in die Hände und fängt ihn dann wieder. Die vierte Runde schafft nur der, der den Ball zehnmal unter dem Bein hindurch an die Wand wirft und wieder auffängt. Wer eine Runde nicht schafft, wiederholt sie, wenn er wieder an der Reihe ist. Das Ball-Spiel kann man ständig um neue Ideen erweitern. Zum Beispiel kann man sich zwischen Wurf und Fang einmal um die eigene Achse drehen.

Zeitungs-Wettrennen
Dieses Spiel bringt großen Spaß, besonders wenn viele Kinder mitmachen. Es wird draußen gespielt und man braucht für jeden Mitspieler zwei Zeitungsblätter. Legt eine Start- und eine Ziellinie fest. Die Mitspieler stellen sich auf ein Zeitungsblatt an der Startlinie und auf »Los« geht's los. Dann muss jeder das zweite Zeitungsblatt nehmen, vor sich legen, sich draufstellen … bis die Ziellinie erreicht ist. Wer schafft es am schnellsten?

Frühlings-Olympiade

Beim nächsten Geburtstagsfest (oder einfach mal so) könnt ihr eine lustige Olympiade veranstalten.
Hier sind einige Beispiele für die Disziplinen.

Eierlauf
Ihr braucht pro Mitspieler einen Löffel und ein Ei. Legt das Ei auf den Löffel und nehmt den Löffel mit dem Stiel in den Mund. Jetzt müsst ihr eine Hindernisstrecke laufen.

Mumien-Sport
Hier spielen immer zwei Kinder zusammen. Einer nimmt eine Rolle Toilettenpapier, der andere stellt sich gerade hin. Wer schafft es am schnellsten, seinen Partner mit dem Papier einzuwickeln?

Wäscheklammer-Sport
Wer kann wohl am meisten Wäscheklammern greifen? Legt 20 Wäscheklammern auf den Tisch. Dann darf jeder versuchen mit einer Hand (die andere Hand bleibt am Körper) so viele Wäscheklammern wie möglich zu greifen.

Schwimmflossen-Wettlauf
Habt ihr schon einmal versucht mit Schwimmflossen zu laufen? Das ist nicht einfach, aber sehr lustig.

Limbotanz
Für den Limbotanz braucht ihr zwei Stühle mit Lehne und einen Stock. Legt den Stock quer über beide Rückenlehnen. Jetzt versucht ihr unter dem Stock hindurchzutanzen. Ihr dürft euch aber nicht nach vorne beugen, sondern müsst die Knie nach vorne und den Oberkörper nach hinten nehmen. So wird Limbo getanzt. Wer den Limbo geschafft hat, legt den Stock in der nächsten Runde etwas niedriger.

Hasenglück
Welcher Hase hat den Tunnel zur Karotte gegraben?

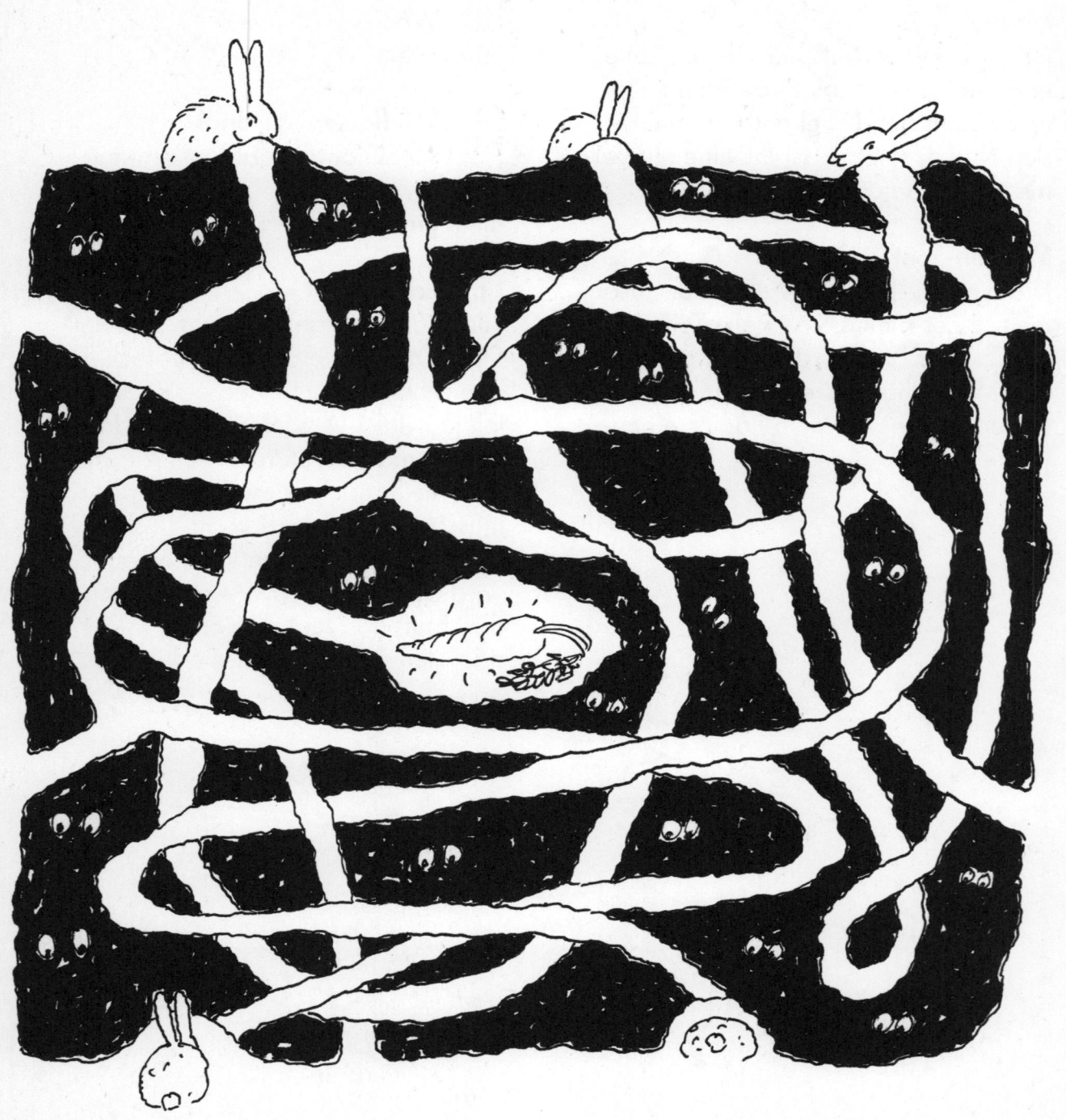

Sommer

Rätsel

Flohmarkt mit Fehlern
Diese beiden Bilder vom Flohmarkt sehen völlig gleich aus, dennoch kann man 11 Unterschiede entdecken. Findest du alle?

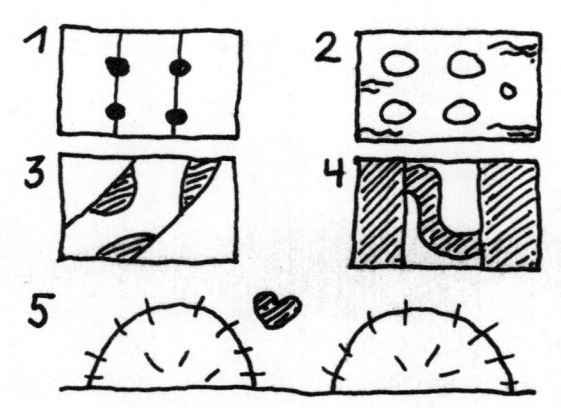

Drudel-Spaß
Was ist das?

Wetten, dass ...

Wetten, dass ich eine Schnur in einer verkorkten Flasche durchtrennen kann?

Um es gleich zu sagen: Diese Wette kann man nur an Sonnentagen gewinnen. Du brauchst eine durchsichtige Glasflasche, einen Korken, einen Haken, ein kleines Gewicht und einen Bindfaden. Drehe den Haken in den Korken, knote den Bindfaden an den Haken und hänge an das andere Ende des Fadens ein kleines Gewicht. Nun verkorkst du die Flasche. Der Faden hängt in der Flasche, das Gewicht berührt den Flaschenboden nicht. Nun fragst du deine Freunde, wie es wohl möglich sei, den Faden in der Flasche zu durchtrennen. Wer will mit dir wetten, dass du es schaffst? Der Trick ist ganz einfach, vorausgesetzt die Sonne scheint. Dann hältst du eine Lupe an die Flasche, so dass der gebündelte Sonnenstrahl auf der Schnur landet. Der Faden wird an dieser Stelle durchbrennen und das Gewicht mit dem Rest des Fadens fällt zu Boden.

Wetten, dass ich ein rohes Ei aufrecht auf den Tisch stellen kann?

Das geht nur mit folgendem Trick: Du musst das Ei ganz doll schütteln, so dass sich Eiweiß und Eigelb in dem Ei vermischen. Wenn das geschafft ist, musst du das Ei einige Minuten aufrecht in der Hand halten, so dass das schwerere Eigelb nach unten sinkt. Dann kannst du das Ei aufrecht auf den Tisch stellen

Wetten, dass ich einen Knoten in eine Schnur machen kann, ohne die beiden Enden loszulassen?

Wenn man weiß, wie es geht, ist diese Wette ganz einfach. Lege die Schnur auf den Tisch. Verschränke deine Arme und greife mit jeder Hand nach einem Schnurende. Wenn du die Arme jetzt wieder auseinander nimmst, entsteht ein Knoten in der Schnur.

Lach mit
Wunderbares Sommerwetter. Wochenlang strahlend blauer Himmel. Die Engel gehen zu Petrus und fragen ihn, wie lange das Wetter noch so bleibt. Petrus sagt: »Wir bekommen Regen. Es ziehen schon die ersten Wolken auf.«
Darauf die Engel: »Endlich! Dann können wir uns mal wieder hinsetzen!«

Lotta im Schwimmbad: »Das Wasser ist ja wahnsinnig kalt!«
Sagt Eva: »Stimmt! Da kann man den Badeanzug gut gebrauchen!«

»Gehst du mit ins Schwimmbad?«, fragt Daniel.
»Ich darf nicht«, antwortet Christian.
»Wieso denn nicht?«
»Weil ich ins Wasser gepinkelt habe.«
»Aber das machen die anderen doch auch!«
»Schon. Aber nicht vom Dreimeterbrett!«

Eine ältere Dame sitzt in der Eisdiele. Da geht die Tür auf und ein Schäferhund kommt rein. Er bestellt ein Erdbeereis und geht wieder.
»Das ist ja unglaublich!«, sagt die ältere Dame zum Kellner.
»Ja, wirklich merkwürdig!«, antwortet er. »Sonst bestellt er immer Schokoladeneis!«

Merkwürdig!

Es gibt nichts Schöneres, als bei heißem Sommerwetter ins Schwimmbad zu gehen und sich ein bisschen abzukühlen. Allerdings fallen mir hier einige Merkwürdigkeiten auf. Dir auch?

Spiele mit Wasser

Es ist herrlich mit Wasser zu spielen – am besten allerdings draußen!

Der Postkarten-Trick

Diesen Trick solltest du draußen oder aber über dem Waschbecken üben! Fülle ein Glas randvoll mit Wasser. Der Glasrand muss auf jeden Fall feucht sein. Lege nun eine alte Postkarte (oder ein Stück dünne Pappe in ähnlicher Größe) auf das Glas. Lege die ganze Hand auf die Postkarte, verschiebe sie möglichst nicht und drehe das Glas auf den Kopf. Jetzt nimmst du vorsichtig die Hand von der Postkarte. Und siehe da: Das Wasser bleibt im Glas. Solltest du jetzt nasse Füße bekommen haben, übe den Trick weiter. Aber wirklich draußen oder über dem Waschbecken!

Ein nasser Trick

Bitte einen Freund beide Hände gestreckt vor den Körper zu halten. Du stellst ihm dann auf jeden Handrücken ein Glas mit Wasser (halb voll). Nun soll er die Gläser von seinen Händen nehmen, ohne dabei Wasser zu verschütten.
Der Trick ist eigentlich ganz einfach. Man führt eine Hand zum Mund, trinkt das Wasser aus und nimmt das andere Glas von der Hand. Aber da muss man erst mal drauf kommen!

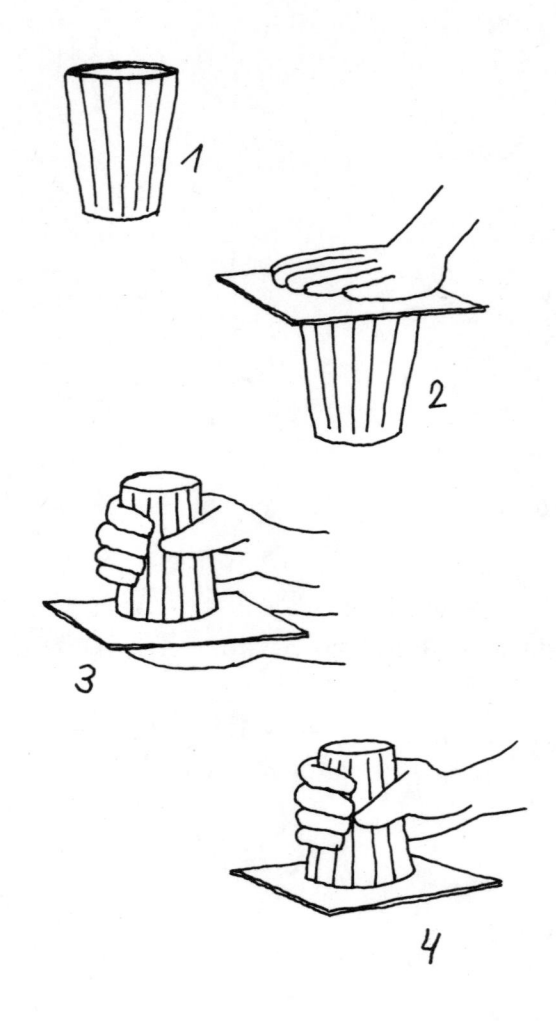

Das Flaschenspiel

Für dieses Spiel braucht ihr zwei leere Flaschen und einen Ball. Man spielt es zu zweit und auf jeden Fall draußen. Füllt die Flaschen mit Wasser und stellt euch etwa vier Meter voneinander entfernt auf. Die Flaschen stehen vor euren Füßen. Nun zielt ihr abwechselnd auf die Flasche eures Mitspielers. Solltet ihr die Flasche treffen, muss der andere Spieler zuerst den Ball wiederholen und darf erst dann seine Flasche wieder aufstellen. Inzwischen ist natürlich Wasser ausgelaufen. Wer zuerst kein Wasser mehr in der Flasche hat, hat verloren.

Knopf-Spiel

Für dieses Spiel braucht ihr eine Glasschüssel voll Wasser, ein Markstück und pro Mitspieler vier Knöpfe einer Farbe. Legt das Geldstück in die Wasserschüssel. Nun versucht ihr nacheinander, die Knöpfe so ins Wasser zu werfen, dass sie auf dem Markstück landen. Wer schafft es zuerst? Wer schafft es am häufigsten?

Apfelbeißen

In eine große, tiefe Schüssel voll Wasser legt ihr einen nicht allzu großen Apfel. Der Apfel muss auf dem Wasser schwimmen können. Nun probiert der erste den Apfel zu essen. Er darf dabei aber nicht die Hände benutzen, sondern darf nur mit dem Mund versuchen, den Apfel zu erwischen und ein Stückchen abzubeißen. Wer es geschafft hat, dreimal in den Apfel zu beißen, ist erlöst und darf den Apfel aus dem Wasser nehmen. Dann versucht der nächste Mitspieler mit einem neuen Apfel sein Glück.

Zieltreffen

Dieses Spiel lässt sich im Sommer draußen gut spielen. Du brauchst eine leere Spülmittelflasche und vier leere Joghurtbecher. Auf die Joghurtbecher schreibst du unterschiedliche Punktzahlen und stellst sie kopfüber ins Gras. In die Spülflasche füllst du Wasser. Dann drückst du auf die Flasche und versuchst mit dem Wasserstrahl die Joghurtbecher zu treffen und zum Umfallen zu bringen. Wie viele Punkte hast du erreicht?

Wasser-Wettlauf

Dieses Spiel bringt am meisten Spaß, wenn viele Kinder zusammen sind. Stellt zwei große Wassereimer an die Startlinie und zwei kleinere Eimer an die Ziellinie. Teilt euch in zwei Mannschaften auf. Jede Mannschaft steht an einem der großen Eimer. Nun beginnt der Wettlauf: Dazu schöpft der erste jeder Mannschaft Wasser in einen Joghurtbecher, läuft zu dem kleinen Eimer, schüttet das Wasser hinein, läuft wieder zurück und übergibt den Joghurtbecher dem nächsten seiner Mannschaft. Die Sache hat allerdings einen Haken: In die Joghurtbecher habt ihr vor Spielbeginn lauter Löcher gebohrt. Während des Wettlaufs läuft also ständig Wasser heraus. Die Mannschaft, die den kleinen Eimer zuerst gefüllt hat, gewinnt das Spiel. Achtet darauf, dass die Becher der beiden Mannschaften gleich viele Löcher haben – sonst wird es ungerecht.

Papier aus eigener Werkstatt

Hierfür brauchst du weißes oder einfarbiges Buntpapier, eine mittelgroße bis große Kartoffel, Küchenmesser, Borstenpinsel und Plaka- oder Wasserfarbe, alte Zeitungen.

Tipp: Wenn die Kartoffel sehr dick ist, kann dir bestimmt ein Erwachsener beim Durchschneiden helfen.

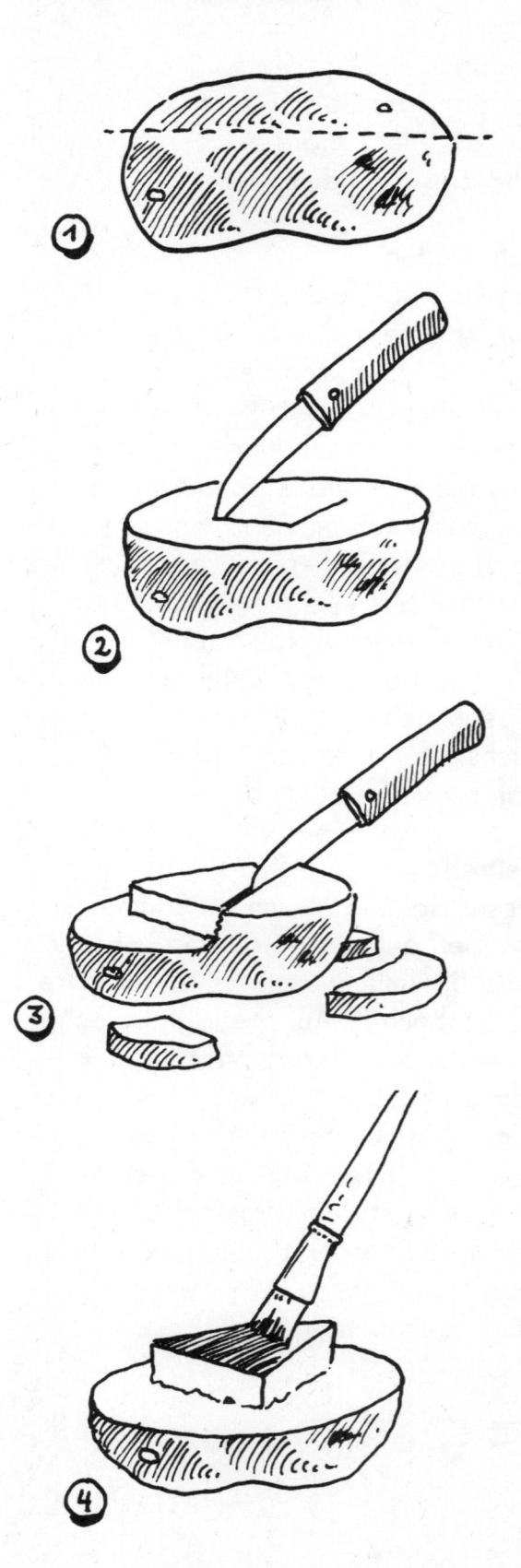

1. Schneide das obere Drittel der Kartoffel ab, so dass eine große Fläche entsteht.

2. Denke dir eine Musterform, zum Beispiel ein Dreieck, aus und ritze diese oben in die Schnittfläche der Kartoffel ein.

3. Schneide die Fläche um das Muster herum etwa 0,5 cm tief weg, so dass nur deine Musterform stehen bleibt.

4. Lege altes Zeitungspapier auf der Arbeitsfläche aus, das Papier, das du bedrucken möchtest, darauf und streiche deinen Kartoffelstempel mit der gewünschten Farbe ein. Achtung: Plakafarbe sollte nicht zu dick aufgetragen werden. Wenn du mit Wasserfarben arbeitest, nimm wenig Wasser, die Farbe würde sonst schnell von deinem Kartoffelstempel tropfen.

Nun kannst du nach Lust und Laune dein Papier mit hübschen Mustern bedrucken. Mit dem Kartoffeldruck lassen sich ganz viele tolle Sachen verzieren. Wie wär's mit deinem eigenen, ganz persönlichen Briefpapier? Auch auf Notizzetteln macht sich ein kleines Männchen oder eine Musterkette besonders gut.

Übrigens: Sogar Stoff kannst du mit Stoffmalfarbe und einem Kartoffelstempel verzieren. Und sicherlich kennst du eine Menge Leute, die sich sehr über ein selbst bedrucktes Geburtstagsgeschenk freuen würden.

Suchbild
Wie viele Vögel entdeckst du in diesem Bild?

Irrgarten
Welcher Maulwurf kann durch den Tunnel zu dem Apfel kriechen?

Obstzucht

Frau Behn ist Hobbygärtnerin. Am liebsten züchtet sie Obst.
Diesmal ist etwas ganz Verrücktes dabei herausgekommen.
Mal weiter!

Lach mit

Der Mathelehrer fragt Ulrike: »Wenn ich drei Orangen, zwei Äpfel und fünf Bananen in je acht Stücke schneide, was gibt das?«
Ulrike meint: »Obstsalat, natürlich!«

Eine Kundin möchte Äpfel haben.
»Ich habe nur französische Äpfel«, sagt der Obstverkäufer.
»Ich möchte aber deutsche Äpfel haben«, antwortet die Kundin.
»Wollen Sie die Äpfel essen oder sich mit ihnen unterhalten?«

»Mir ist es endlich gelungen, runde Bananen zu züchten!«
»Das ist ja wahnsinnig!«
»Schon. Aber die Dinger haben einen großen Nachteil – sie schmecken wie Orangen!«

Der Religionslehrer fragt: »Kann mir jemand sagen, wie lange Adam und Eva im Paradies waren?«
»Bis zum Herbst!«
»Wieso bis zum Herbst, wie kommst du denn darauf?«
»Na, weil dann die Äpfel reif sind!«

Jakob reckt sich beim Essen über den ganzen Tisch und greift nach der Obstschale. Die Mutter schimpft: »Jakob, du sollst nicht immer mit der Hand über den ganzen Tisch greifen! Hast du denn keinen Mund?«
»Doch, klar«, antwortet Jakob, »aber mit der Hand komme ich besser hin!«

»Papi, haben Blaubeeren Beine?«
»Nein, natürlich nicht!«
»Dann habe ich wohl eben einen Mistkäfer gegessen!«

Obstsalat
(für 4 Personen)

- 2 Birnen
- 2 Äpfel
- 2 Bananen
- 2 Apfelsinen
- 1 Handvoll geschälte Sonnenblumenkerne
- 1 Zitrone
- Zucker oder Honig

Presse den Saft einer Zitrone aus und stelle ihn bereit. Schäle die Apfelsinen und schneide sie in Stückchen. Gib die Apfelsinenstücke in eine große Schüssel. Schäle dann die Birnen, Bananen und Äpfel, schneide sie ebenfalls klein und gib alles in eine Schüssel. Gieß den Zitronensaft darüber und streue die Sonnenblumenkerne darauf. Schmecke deinen Obstsalat mit Zucker oder flüssigem Honig ab. Natürlich kannst du diesen Obstsalat auch mit anderen Früchten erweitern, zum Beispiel mit Erdbeeren und Kiwis.

Bananen-Buttermilch

- 1 reife Banane
- 1/4 Liter Buttermilch
- etwas Zucker
- Saft einer halben Zitrone

Schäle die Banane und schneide sie in Scheiben. Presse den Saft einer halben Zitrone aus und stelle ihn bereit. Gib die Buttermilch und die Bananenscheiben in eine Rührschüssel und mixe beides mit dem Mixer (vorsichtig, es kann spritzen). Schmecke deine Bananen-Buttermilch mit Zucker und Zitronensaft ab.

Piratenverkleidungen

Grundausstattung

Du brauchst ein blau-weiß-gestreiftes T-Shirt und eine alte Jeans. Wenn die Jeans wirklich alt ist, kannst du sie in Kniehöhe abschneiden und mit bunten Flicken bekleben. Jetzt noch einen braunen Ledergürtel um die Taille und ein Tuch um den Hals, dann ist die Sache schon fast perfekt.

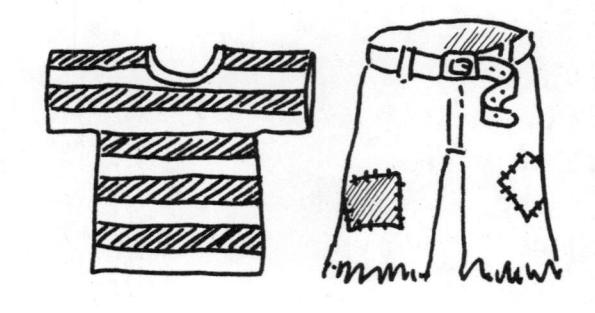

Dazu kannst du dir ein Piratenkopftuch umbinden. Du brauchst dafür ein T-Shirt, das möglichst seeräuberisch aussieht. Rot oder schwarz sind zum Beispiel geeignete Farben. Das T-Shirt legst du mit der unteren Seite um deinen Kopf und knotest dann den Rest des Stoffes hinter deinem Kopf zusammen. Sollte das T-Shirt nicht groß genug dafür sein, kannst du es auch mit einem Band zusammenhalten.

Piratenhut

Einen Piratenhut kannst du aus schwarzem Tonpapier basteln. Dazu faltest du einen etwa 40 cm breiten und 30 cm hohen Bogen quer in der Mitte. Male nun auf eine Seite die typische Form eines Piratenhutes vor – an den Seiten gerade, zur Mitte hin rund. Schneide entlang der vorgezeichneten Linie die Form durch beide Papierschichten hindurch aus.
Eine Hutseite kannst du noch mit gefährlichen Piratenzeichen versehen – einem Totenschädel und zwei überkreuzten Knochen. Die kannst du entweder aus weißem Papier ausschneiden und aufkleben oder einfach mit Deckweiß aufmalen.

Klebe die Hutteile an den Seiten zusammen – mit durchsichtigem Klebeband oder flüssigem Klebstoff (Klebstoff auf die inneren geraden Seiten auftragen).

Augenklappe

Schneide ein halbrundes Stück Pappe aus, so groß, dass es dein Auge gut verdeckt. Klebe auf beide Seiten der Pappe schwarzen Filz. Dann lochst du zwei Löcher in den oberen Rand der Augenklappe. Durch die Löcher ziehst du je ein Ende eines Stoffgummibands (vorher die Länge testen) und knotest die Enden fest.

Schminke

Mit etwas Kinderschminke kannst du dir »Dreck« ins Gesicht schmieren und Bartstoppeln aufmalen. Du kannst auch eine Tätowierung auf deine Ober- oder Unterarme malen.

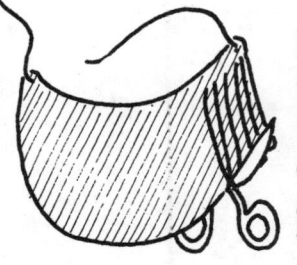

Bart

Käpt'n Blackbeard (Schwarzbart) hieß ein ganz besonders gefürchteter Pirat. Wenn du zu deinem Piratenkostüm ebenfalls einen schwarzen Bart tragen willst, kannst du aus Filz einen basteln. Das Filzstück muss so breit sein, dass es von einem Ohr zum anderen reicht, wenn du es übers Kinn legst. Je höher es ist, desto länger kann dein Bart werden. Schneide das Filzstück zu einer Bartform zurecht. Dann schneidest du es von unten nach oben ein, so dass »Barthaare« entstehen. Nun schneidest du jeweils ein Loch in die Seiten des Bartes und ziehst ein Gummiband hindurch, dessen Enden du mit Knoten sicherst. Siehst du mit Bart genauso Furcht erregend aus wie Käpt'n Blackbeard?

Wichtige Piratensachen

Ohrringe

Die Piraten glaubten daran, dass Ohrringe ihre Sehkraft verstärken würden und sie mit Ohrringen darum schneller und besser die Schiffe am Horizont erkennen könnten. Wenn du für dein Kostüm goldene Ohrringe basteln willst, brauchst du Pfeifenreiniger und Goldpapier. Schneide das Goldpapier in Streifen und wickle es um einen Pfeifenreiniger, bis er mit Gold bedeckt ist. Dann drehst du den Pfeifenreiniger zu einem Kreis und steckst ihn an dein Ohr.

Entermesser

Schneide aus Pappe die abgebildete Form eines Entermessers aus. Beklebe die Klinge mit Alufolie und male den Griff in einer Farbe deiner Wahl an.

Jetzt fehlt nur noch der Handbügel. Schneide einen Streifen aus gelbem Tonpapier zurecht (30 cm lang und 6 cm breit). Runde die vier Ecken mit einer Schere ab und schneide in die linke und rechte Seite je einen Schlitz. Die Schlitze müssen so groß sein, dass du den Bügel über den Griff des Entermessers schieben kannst.

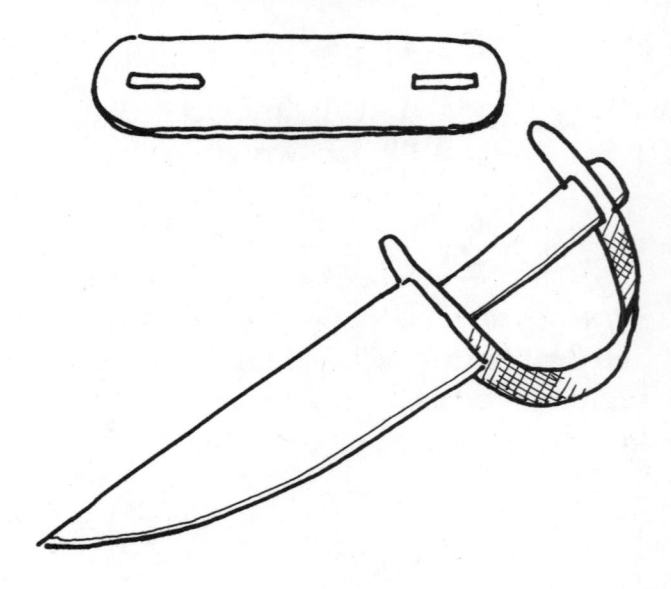

Piratenflagge

Eine Piratenflagge lässt sich ganz einfach machen. Du brauchst ein rechteckiges Stück schwarzen Stoff und weißen Filz. Male auf den weißen Filz den berüchtigten Totenschädel und zwei Knochen und schneide die Teile aus. Dann musst du sie nur noch auf den schwarzen Stoff kleben.

Fernrohr

Um das typische ausziehbare Fernrohr der Piraten zu basteln, brauchst du schwarzes Tonpapier und Goldpapier. Zuerst schneidest du drei Rechtecke aus dem schwarzen Tonpapier zu. Das größte ist 18 x 18 cm groß, das nächste 18 x 15, das kleinste 18 x 13 cm. Drehe ein Rechteck zu einer Rolle vor und dann wieder auf. Bestreiche nun eine Seite bis zu 3 cm Abstand vom Rand mit Klebstoff. Drehe erneut die Rolle und klebe die Enden zusammen. Verfahre mit den anderen Rechtecken ebenso. Um die kleine und die mittlere Röhre klebst du nun an jeweils einem Ende einen etwa 5 cm breiten Papierstreifen so oft um einen Rand, dass du die Röhren in die nächst größere stecken kannst und sie nicht mehr rausfallen können.

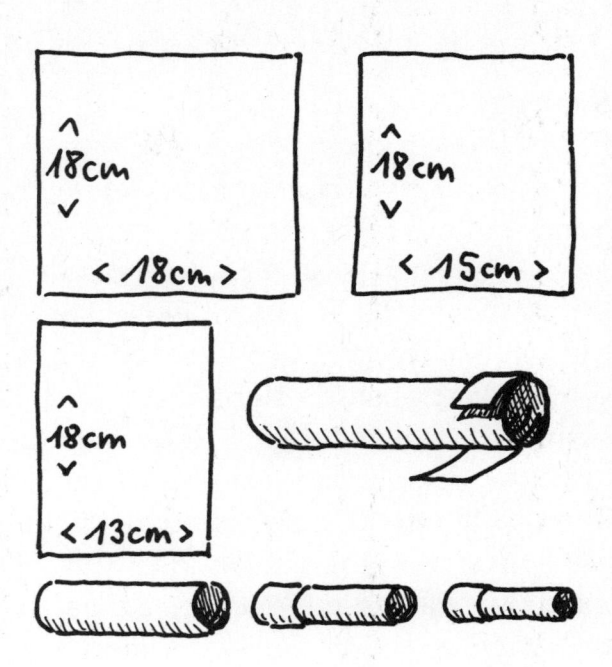

Stecke dann alle Röhren ineinander. Zum Schluss beklebst du alle sichtbaren Rohrenden mit einem Streifen aus Goldpapier.

Kinderzimmer-Piraten

Jetzt hast du alle wichtigen Piratensachen gebastelt. Willst du in See stechen? Ein umgedrehter Tisch kann schnell zum Piratenschiff werden. Du kannst die nach oben stehenden Tischbeine mit Seilen verbinden, so dass eine Reling entsteht. Dann noch die Piratenflagge hissen, etwas Zwieback und Wasser mit an Bord nehmen und schon kann das Abenteuer beginnen.

Wichtige Instrumente

Sanduhr

Für eine selbst gebastelte Sanduhr brauchst du zwei Honiggläser, feinen Sand und ein Stück Pappe. Und so wird's gemacht. Fülle ein Glas halb voll mit Sand – er muss auf jeden Fall trocken und frei von größeren Steinen sein –, am besten du siebst den Sand vorher noch einmal durch. Lege nun ein Stück Pappe mit einem kleinen Loch in der Mitte auf die Glasöffnung. Dann verbindest du die beiden Gläser Öffnung an Öffnung mit reichlich Klebeband. Wenn du die Sanduhr umdrehst, wird der Sand langsam vom oberen Glas durch das Loch in der Pappe in das untere Glas laufen. Stoppe die Zeit mit einer normalen Uhr. Nach einer Minute machst du an dem Glas einen Strich – genau auf der Höhe, auf der der Sand nun steht. Das machst du weiter, bis der gesamte Sand durchgelaufen ist. Danach drehst du die Sanduhr noch einmal um und wiederholst den Vorgang an dem anderen Glas. Mit Hilfe der Sanduhr kannst du bestimmen, wie viel Zeit vergeht.

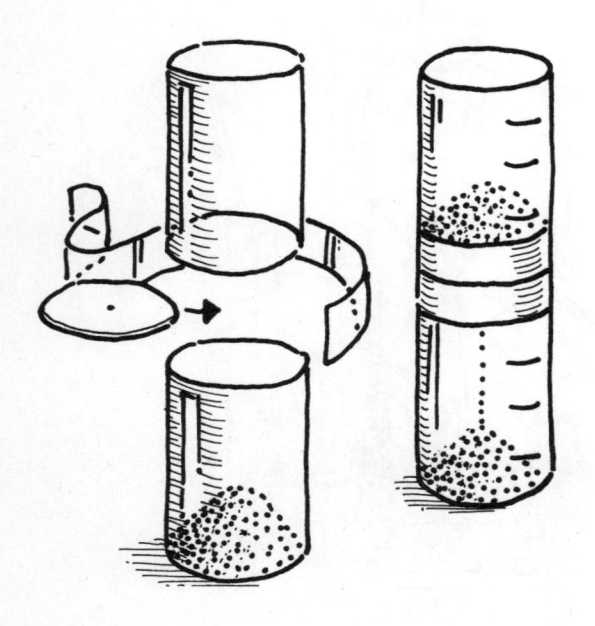

Kompass

Ein Kompass ist sehr wichtig, um navigieren zu können. Mit Hilfe des Kompasses kann man feststellen, in welcher Richtung sich der magnetische Nordpol befindet. Du brauchst einen tiefen Teller, einen Korken, Klebeband, eine Stopfnadel und einen Magneten. Fülle Wasser in den Teller. Schneide eine Scheibe von einem Weinkorken ab. Nun streichst du die Stopfnadel etwa 25mal in gleicher Richtung über den Magneten (dadurch wird die Nadel magnetisiert). Klebe sie jetzt mit einen Stückchen Klebeband an den Korken und lege beides ins Wasser. Die Nadel wird sich erst ein wenig drehen und dann in Nord-Süd-Richtung zur Ruhe kommen.

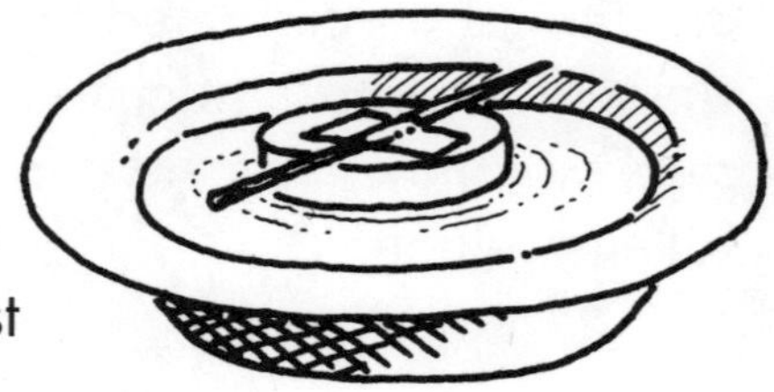

Unterwasserlupe

Du brauchst eine möglichst hohe Blechdose. Löse den Bodenteil mit Hilfe eines Büchsenöffners, so dass die Dose an beiden Seiten offen ist. Über den unteren Rand spannst du nun ganz fest Frischhaltefolie und sicherst sie mit wasserfestem Klebeband außen an der Dose. Schon kannst du die Unterwasserlupe ausprobieren. Lege die Dose mit der Folienseite aufs Wasser. Die Folie wölbt sich beim Eintauchen etwas ein und bewirkt dadurch einen Lupeneffekt.

Periskop

So ein Periskop ist viel wert, wenn man in einem Versteck lauert und feststellen will, ob die Luft rein ist. Man kann damit sogar um die Ecke gucken! Du brauchst zwei rechteckige Taschenspiegel, schwarzes Tonpapier, ein Stück Pappe und Klebeband. Zuerst bastelst du aus Pappe zwei Ständer für deine Spiegel. Dazu faltest du jeweils ein Stück Pappe, das genauso breit ist wie dein Spiegel, in der Mitte und klebst dann den Spiegel mit Klebeband dagegen. Verfahre mit dem anderen Spiegel genauso. Nun baust du das eigentliche Periskop. Dazu schneidest du zweimal die abgebildete Form aus. Das innere Rechteck sollte genauso breit sein wie deine Spiegel. Falte die Form wie angegeben und klebe den Spiegelständer an den Boden. Wiederhole den Vorgang mit dem zweiten Spiegel und der anderen Form. Nun klebst du mit Klebeband die beiden Teile etwas versetzt gegeneinander, so dass die Spiegel jeweils sichtbar sind. Sieh unten in den Spiegel – was siehst du?

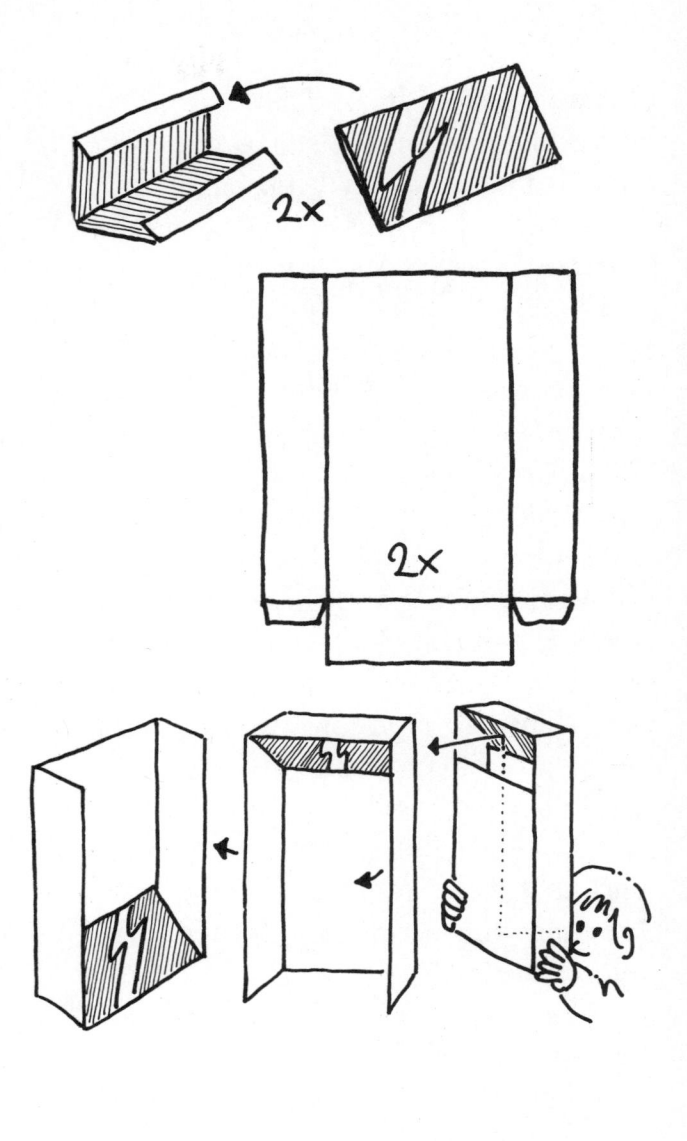

Regenmelder

Weißt du, wie du ganz einfach einen Regenmelder haben kannst? Du brauchst nur einen Tannen-, Kiefern- oder Fichtenzapfen. Den stellst du nach draußen, am besten an einen Platz, wo du ihn sehen kannst, zum Beispiel außen auf das Fensterbrett. Alles, was du dann tun musst, ist, den Zapfen zu beobachten. Wenn sich Regen ankündigt, wird der Zapfen sich schließen, bei gutem Wetter wird er sich öffnen.

Die Schatzsuche

Dieses Spiel ist für 2-4 Spieler. Ihr braucht so viele Spielsteine wie Mitspieler und einen Würfel. Setzt nacheinander euren Spielstein entsprechend der gewürfelten Augenzahl weiter. Die Zahlenfelder bedeuten:

1 Du hast die Schaufel zum Schatzgraben vergessen – zurück zum Start.
2 Beim Überqueren des Flusses ist deine Hose nass geworden – einmal aussetzen.
3 Vorsicht, Schlange! Laufe schnell 3 Felder vor.
4 Du hast Hunger und versuchst eine Kokosnuss zu ergattern. Gar nicht so einfach – du darfst erst mit einer gewürfelten 3 weiter.
5 Du bist auf eine Muschel getreten und hast dich am Fuß verletzt. Du brauchst Ruhe und setzt darum eine Runde aus.
6 Der Urwald ist undurchdringbar. Nur eine gewürfelte 6 kann dich hindurch bringen.
7 Die Affen wollen mit dir spielen. Durch ein Seemannslied kannst du sie zur Ruhe bringen. Singe und du darfst noch einmal würfeln.
8 Du hast einen geheimen Weg durch die Berge gefunden und darfst 7 Felder vorrücken.
9 Die Papageien gefallen dir. Sprich in der nächsten Runde alles genau nach, was deine Mitspieler sagen. Wenn du einen Fehler machst, musst du ein Feld zurück.
10 Du bist dem Schatz schon sehr nah und verstummst vor Freude. Du darfst nichts sagen, bis du wieder dran bist. Gelingt es dir nicht, musst du 4 Felder zurück.
11 Der Schatz gehört dir!

57

Seeungeheuer-Windanzeiger

Möchtest du wissen, aus welcher Richtung der Wind kommt? Dann solltest du den Seeungeheuer-Windanzeiger aufhängen. Dazu brauchst du eine Plastiktüte und Krepppapier in verschiedenen Farben, außerdem ein Stück Draht. Schneide die Plastiktüte unten auf, so dass sie an beiden Seiten offen ist. Aus dem Draht drehst du einen Kreis, der groß genug sein muss, damit er um die Tüte passt. Schiebe den Drahtring ein Stück weit über einen Rand der Tüte, klappe das Plastik über den Ring und befestige ihn mit Klebeband. So ist die Tüte an einer Seite immer offen und der Wind kann sich darin verfangen. Jetzt reiße das Krepppapier in lange Streifen und klebe sie an die Tüte. Schneide aus Krepppapier ein Auge und klebe es ebenfalls an die Tüte. Zum Schluss ziehst du noch drei Bänder durch den Drahtrand, knotest die Enden zusammen und hängst dein Ungeheuer in den Wind.

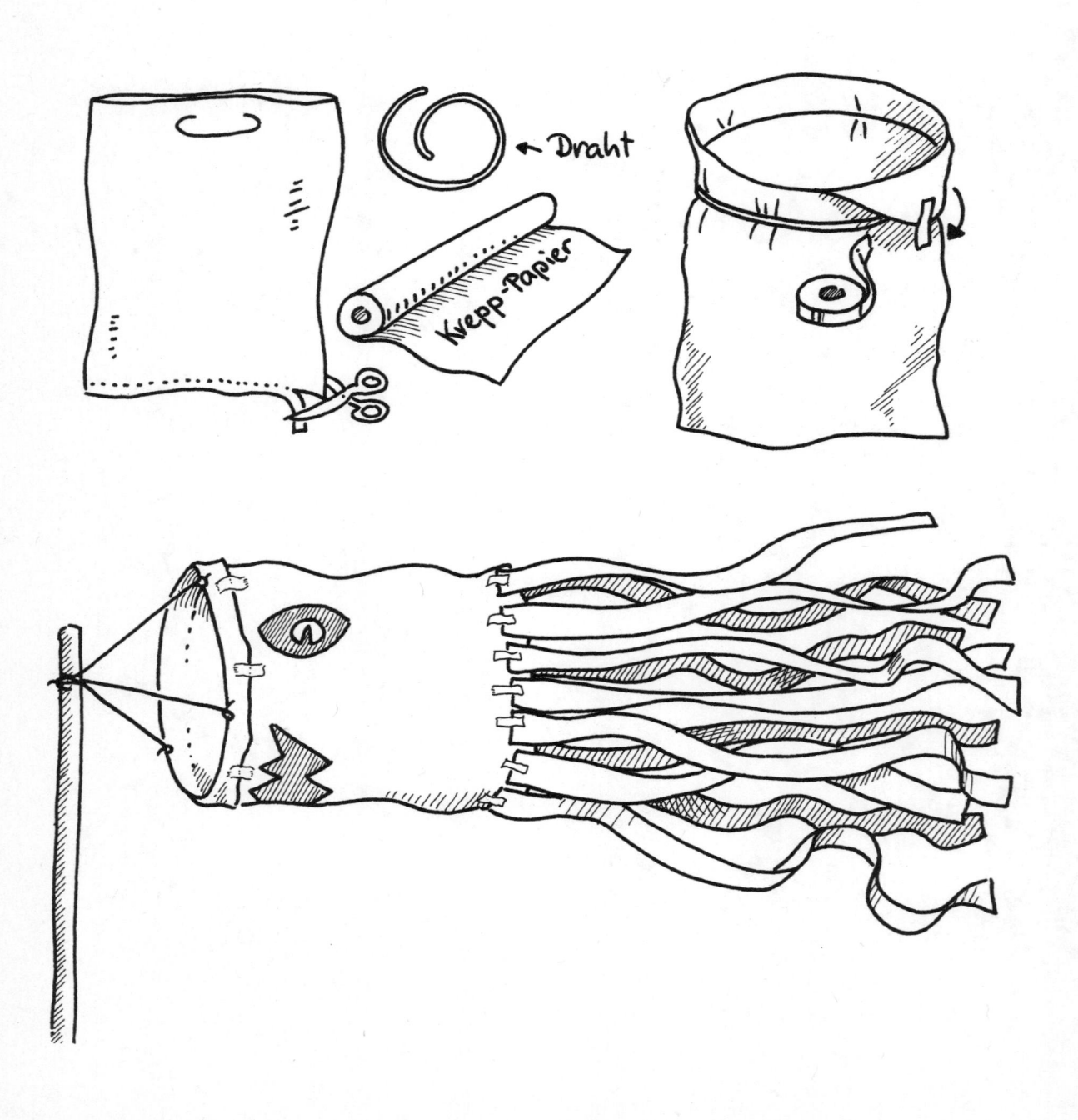

Strandurlaub

Familie Meißner hat sich verfahren. Welchen Weg müssen sie nehmen, um ans Meer zu gelangen?

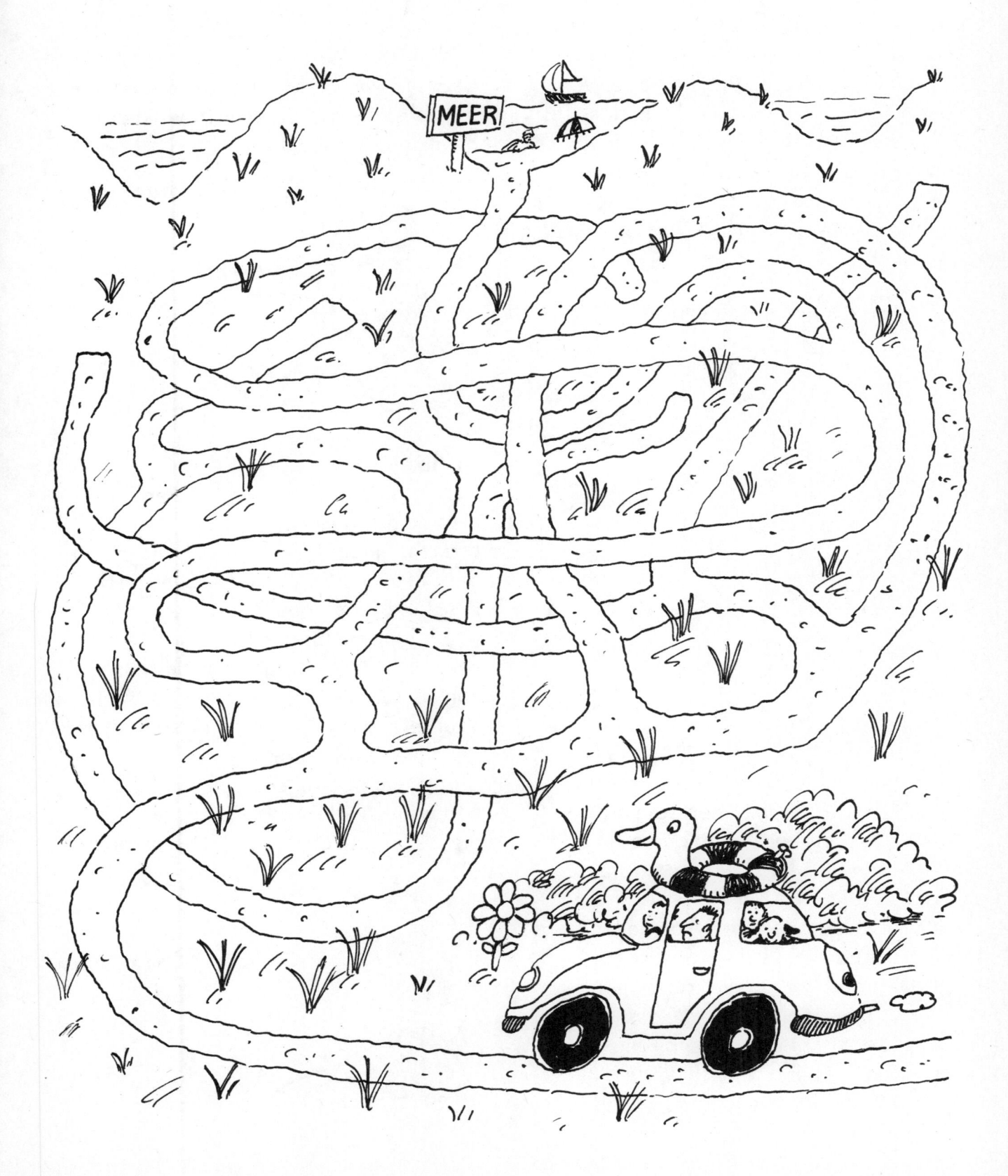

Spiele

Dreibeiniger Wettlauf
Lauft ihr gerne um die Wette? Dann probiert doch einmal diese neue Spielregel aus – ihr müsst allerdings mindestens vier Kinder sein. Die Mitspieler teilen sich in zwei Gruppen und stellen sich paarweise auf. Es laufen immer zwei Paare um die Wette. Vor dem Laufen werden allerdings das rechte Bein des einen und das linke Bein des anderen Läufers mit einem Schal zusammengebunden. Auf los geht's los. Welches Paar kommt zuerst ins Ziel?

Apotheker August Anders aus Aschaffenburg
Dieses Spiel kann man immer und überall mit zwei Personen spielen. Einer fängt an und nennt einen Beruf, Vornamen und Nachnamen und eine Stadt, die jeweils mit einem A beginnen. Also zum Beispiel: Apotheker August Anders aus Aschaffenburg. Dann ist der andere Mitspieler mit B dran: Bierschlepper Bernd Baier aus Bonn. So macht ihr abwechselnd weiter bis zum Z. Ganz schwierige Buchstaben lasst ihr einfach aus.

Zusammengesetzte Hauptwörter
Auch für dieses Spiel braucht man nur zwei Personen. Einer fängt an und nennt ein zusammengesetztes Hauptwort, zum Beispiel »Dachstuhl«. Der andere Mitspieler muss dann ein Wort bilden, das mit dem zweiten Hauptwort beginnt, wie beispielsweie »Stuhlbein«. So geht es weiter, bis euch wirklich nichts mehr einfällt.

Verflixte Sechs
Dieses Spiel kann mit mindestens zwei Mitspielern gespielt werden. Man braucht einen Würfel, Zettel und einen Stift. Ziel des Spiels ist es, zuerst 100 Punkte zu erreichen. Dazu kann man so oft hintereinander würfeln, wie man mag. Die Würfelaugen werden als Punkte zusammengezählt und notiert. Würfelt man jedoch eine 6, so ist der gesamte Wurf ungültig. Man muss darum gut überlegen, ob man den nächsten Wurf noch riskiert oder lieber die bisher erreichte Punktzahl aufschreibt.

Spiele mit Murmeln

Aus der Mitte

Dieses Spiel wird draußen gespielt. Man braucht einen festen Sandboden. Mit einem Stock malt ihr zwei Kreise in den Sand: einen großen Kreis von etwa einem Meter Durchmesser und einen kleinen, der in der Mitte des großen Kreises liegt. Jeder Mitspieler legt gleich viele Murmeln (am besten pro Mitspieler eine Murmelfarbe) in den kleinen Kreis. Nun setzt ihr euch alle an den Rand des großen Kreises und versucht, mit einer Murmel die anderen Murmeln aus dem Kreis zu kicken. Die herausgekickten Murmeln darf man nehmen. Zielt nacheinander auf den inneren Kreis. Gewonnen hat, wer zum Schluss die meisten Murmeln hat. Trotzdem bekommt natürlich jeder seine Murmeln wieder zurück.

Tellerwandern

Dieses Spiel bringt am meisten Spaß, wenn ganz viele Leute mitmachen. Man kann es gut auf Geburtstagsfeiern spielen. Bildet zwei gleich große Mannschaften und setzt euch in einer Schlange auf den Boden. Die Beine werden gegrätscht, so dass man dicht an seinen Vordermann heranrücken kann. Der Mitspieler, der vorne sitzt, bekommt einen flachen Teller, auf dem Murmeln sind (je mehr Murmeln, desto schwieriger das Spiel). Diesen Teller muss er nun über seinen Kopf nach hinten weitergeben, damit der nächste aus der Reihe ihn nehmen und ebenfalls nach hinten weitergeben kann. Auf diese Weise muss der Teller bis ganz ans Ende wandern. Gewonnen hat die Mannschaft, die das am schnellsten schafft. Fällt jedoch eine Murmel vom Teller, muss die Mannschaft wieder von vorn beginnen. Darum ist es gut, einen Spielleiter zu haben, der den Murmelteller im Falle eines Falles wieder nach vorne bringt.

Schlangenrätsel

Wie viele Schlangen zählst du hier?

Box für Zeitschriften

Fliegen in deinem Zimmer ständig Zeitschriften, Zettel, Comics oder andere wichtige Dinge herum? Musst du immer danach suchen? Dann hilft diese Box! Alles, was du brauchst, sind eine leere Cornflakes-Packung, eine Schere, bunte Stifte oder Bilder, Klebe und etwas Phantasie.

Von der Cornflakes-Packung schneidest du eine lange schmale Seite bis auf die unteren 7 cm weg. Die schmale Seite ganz oben schneidest du völlig weg. Die Packung malst du mit Wasserfarben bunt an (wenig Wasser, viel Farbe, sonst deckt es nicht) oder du schneidest Bilder aus Zeitschriften aus und beklebst die Schachtel damit.

Bastelspaß

Löwen-Zielscheibe

Zielwerfen bringt Spaß und besonders witzig ist es mit selbst gebauten Zielscheiben. Zum Beispiel mit diesem hungrigen Löwen. Du brauchst gelbes Tonpapier, ein Zwiebel- oder Apfelsinennetz, Klebestreifen, Schere und ein Stück Band. So wird's gemacht: Auf das Tonpapier malst du einen Kreis und schneidest ihn aus. Den Kreis bemalst du wie ein Löwengesicht und klebst noch Papierohren und eine Mähne aus Papierstreifen daran. Der Mund ist groß und offen. Male ihn vor und schneide ihn dann aus.
Nun klebst du das Apfelsinennetz mit der offenen Seite unter das Löwengesicht. Wenn man einen Ball in das Löwenmaul trifft, fällt er in das Netz. Zum Schluss bohrst du je ein Loch an die linke und rechte Seite des Löwengesichts, ziehst je ein Ende der Schnur hindurch und knotest es fest. Jetzt musst du nur noch einen geeigneten Platz zum Aufhängen finden. Zum Werfen eignen sich kleine Bälle, Papierkugeln oder selbst gemachte Wurfbälle.

Wurfbälle

Für die Wurfbälle brauchst du Stoffreste (etwa 25 x 25 cm groß), Wollfaden, Schere und Schmierpapier oder Zeitungspapier. Das Papier wird zusammengeknüllt und in die Mitte des Stoffes gelegt. Jetzt packst du das Papier mit dem Stoff ein und bindest die Stoffzipfel mit dem Wollfaden zusammen. Fertig ist ein richtig schöner Wurfball für den hungrigen Löwen.

Feriengrüße

Puzzle-Brief

Hast du schon einmal einen Puzzle-Brief verschickt? Es ist ganz einfach! Auf dünne weiße Pappe malst du ein Bild, zum Beispiel einen großen Luftballon, der am Himmel schwebt, oder ein Segelboot mit einem großen Segel. Wichtig bei dem Bild ist, dass du irgendwo Platz für deinen Brief hast. So schreibst du den Text zum Beispiel in den Luftballon oder auf das Segel. Wenn das Bild fertig und der Text geschrieben ist, zerschneidest du die Pappe zu kleinen Teilchen, die du in einem Briefumschlag verschickst. Der Empfänger muss dann erst mal puzzeln, um deinen Brief lesen zu können.

Selbst gemachter Briefumschlag

Schneide aus einem bunten Papier (Geschenkpapier, buntes Bild einer alten Zeitschrift oder ähnliches) ein Quadrat aus, dessen Seiten jeweils 20 cm lang sind. Falte das Quadrat zweimal in der Mitte (einmal längs und einmal quer) und wieder zurück. Dort, wo sich die beiden Falzlinien treffen, ist der Mittelpunkt. Falte nun drei Ecken etwas über den Mittelpunkt und klebe die Seiten zusammen.
Zum Schluss faltest du auch die vierte Ecke auf den Mittelpunkt – fertig ist der Umschlag.

Selbst gemachte Ansichtskarten

Um Ansichtskarten selbst zu machen, brauchst du dünne weiße Pappe, alte Zeitschriften oder Tonpapier oder bunte Stifte, Schere und Klebe. Aus der Pappe schneidest du ein Rechteck zu. Die langen Seiten sind 15 cm lang, die kurzen 10 cm. Jetzt hast du schon eine Postkarte.
Eine Seite bleibt weiß, damit du die Adresse und den Text draufschreiben kannst. Die Rückseite gestaltest du ganz nach eigenen Ideen. Du kannst zum Beispiel Bilder aus alten Zeitschriften ausschneiden und auf die Pappe kleben. Oder du schneidest Muster aus Tonpapier zu und klebst sie auf die Rückseite. Ein selbst gemaltes Bild ist auch schön.

Sommerrätsel
All diesen Leuten fehlt etwas. Wenn du die Gegenstände richtig zuordnest, ergibt sich ein schönes Lösungswort.

Schachteln für Geheimnisse oder anderes

Aus einfachen Schuhkartons kannst du deine ganz persönlichen Schachteln basteln. Besonders schön werden sie mit einer Schleife. Dazu schneidest du zwei Schlitze in die langen Seiten des Kartons. Lege Geschenkband unter den offenen Karton und ziehe beide Enden durch je einen Schlitz.

Briefkarton

Beklebe einen alten Schuhkarton mit Briefmarken oder mit Ansichtskarten – schon hast du einen schönen Karton für deine Briefe.

Streng geheim

Auf Kartons, in die kein anderer seine Finger stecken soll, kannst du Muster mit deinen Fingerabdrücken machen. Dazu gibst du mit dem Pinsel etwas Wasser in die Wasserfarbe und steckst dann deine Fingerkuppen in die Farbe. Nur noch auf den Karton stempeln – schon fertig! Du kannst viele verschiedene Farben benutzen oder bei einer bleiben – ganz nach Geschmack.

Souvenir-Schachtel

Möchtest du deine Urlaubserinnerungen in einem schönen Karton aufbewahren? Verziere den Karton mit Dingen, die dich an den Urlaub erinnern. Warst du zum Beispiel am Meer, kannst du den Deckel des Kartons mit Klebstoff bestreichen. Dann wälzt du den Deckel im Sand, so dass der Sand an der Klebe hängen bleibt. Zum Schluss klebst du in die Mitte vielleicht noch eine besonders schöne Muschel.

Kartons – zu schade zum Wegwerfen

Habt ihr zu Hause Kartons? Große und kleine? Damit kann man schöne Dinge machen.

Monster-Zielscheibe
Für die Zielscheibe brauchst du einen großen Karton. An eine Seite schneidest du ein Loch. Um das Loch herum malst du das Gesicht eines Monsters. Das Loch ist der Mund des Monsters. Die Klappe des Kartons, die auf der Seite des Gesichts liegt, stellst du hoch und schneidest sie mehrmals ein. So entstehen Monsterhaare. Dann brauchst du noch kleine Bälle. Stellt euch an einer Startlinie auf und versucht nacheinander die Bälle in das Monstermaul zu zielen. Wer trifft am häufigsten?

Schuhkarton-Hüpfen
Für dieses Wetthüpfen braucht ihr zwei alte Schuhkartons, die etwas kleiner als eure Füße sind. Jeder stellt sich in einen Karton an die Startlinie. Wer hüpft zuerst ans Ziel?

Reislauf
Für dieses Spiel braucht ihr zwei kleine Schachteln, die oben offen sind. Füllt die Schachteln mit Reiskörnern. Jeder Läufer legt sich eine Schachtel auf den Kopf. Dann geht's los!

Karton-Wettlauf
Mit mittelgroßen Kartons kann man einen Wettlauf veranstalten. Dazu braucht ihr zwei etwa gleich große Kartons. Schneidet die Klappen der Kartons weg. Vom unteren Boden schneidet ihr ein Rechteck aus. Das Rechteck muss groß genug sein, dass ihr mit den Füßen durchschlüpfen könnt. Zieht den Karton dann über die Knie und versucht, um die Wette zu laufen.

Wie koche ich Nudeln?

Es gibt ganz viele verschiedene Nudelarten – lange und kurze, dicke und dünne, Hörnchen, Spiralen, Muscheln, Sterne und, und, und. Die Kochzeiten sind je nach Größe und Dicke der Nudeln unterschiedlich (stehen aber auf der Packung). Egal, wie die Nudeln aussehen, alle kocht man in sprudelndem Salzwasser. So wird's gemacht:

- pro Person 100 Gramm Nudeln
- 1 Esslöffel Öl
- 1 Teelöffel Salz

Bring etwa 1 1/2 Liter Wasser und 1 Esslöffel Öl in einem Topf (mit Deckel) zum Kochen. Das Öl verhindert, dass die Nudeln zusammenkleben oder am Topf kleben bleiben. Wenn das Wasser sprudelt, gibst du die Nudeln mit 1 Teelöffel Salz hinein. Du kannst jetzt die Temperatur etwas runterschalten. Rühre die Nudeln gelegentlich um.

Kleine Nudeln brauchen ungefähr 10 Minuten, Makkaroni etwa 20 Minuten, aber es gibt Unterschiede. Da hilft nur Probieren: Fische zwischendurch mit einer Gabel eine Nudel heraus, lass sie kurz abkühlen und probiere. Ist sie gar? Dann gießt du das Nudelwasser durch ein Sieb ab und lässt die Nudeln kurz abtropfen.
Nudeln schmecken schon mit einem Stückchen Butter und etwas geriebenem Parmesankäse. Oder mit Ketchup. Aber du kannst auch eine leckere Sauce zubereiten.

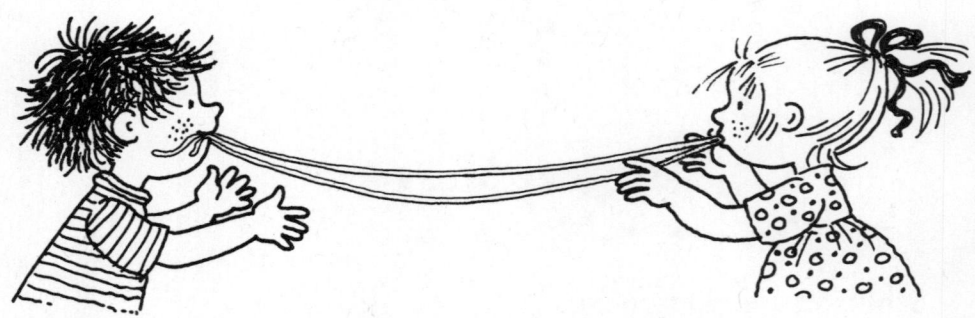

Spaghetti

Spaghetti kocht man natürlich genauso. Es ist nur ein bisschen schwieriger, sie ins Wasser zu bekommen. Doch kein großes Problem, wenn man weiß, wie es geht: Nimm die Spaghetti in die Hand, so wie du Mikadostäbchen anfassen würdest, und lasse sie in der Mitte vom Topf ins Wasser fallen. Die Spaghetti fallen dann auseinander, gucken aber noch aus dem Wasser und liegen am Topfrand. Doch die im Wasser liegenden Enden werden ganz schnell weich, so dass du nur einmal umrühren musst. Stupse dabei die Spaghetti mit einem Kochlöffel unter das Wasser. Das ist wichtig, sonst garen sie nicht gleichmäßig. Um zu prüfen, ob die Spaghetti gut sind, gibt es noch einen Geheimtipp. Nimm eine Nudel mit einer Gabel aus dem Wasser und wirf sie gegen eine Küchenkachel. Fällt sie gleich herunter, ist sie noch nicht gut. Bleibt sie kleben, kann der Tisch gedeckt werden.

Rote Spaghettisauce

- 1 kleine Dose geschälte Tomaten
- 1 kleine Dose Tomatenmark
- 1 Becher Sahne
- 1 Zwiebel
- 2 Esslöffel Olivenöl
- Salz und Pfeffer
- 3 Prisen Oregano
- wer mag: 1 Knoblauchzehe

Schäle die Zwiebel und schneide sie in Würfel. Gib dann das Olivenöl in einen Topf und erhitze es auf der Herdplatte. Schütte die Zwiebelstücke hinzu und brate sie unter gelegentlichem Umrühren ein wenig an.
Mit dem Dosenöffner öffnest du die Dosen mit den geschälten Tomaten und dem Tomatenmark. Gib beides mit in den Topf. Zermatsche die Tomaten ein bisschen mit der Gabel. Nun kommt die Sahne in die Sauce.
Und dann wird sie mit Salz, Pfeffer und Oregano abgeschmeckt. Wer gern Knoblauch mag, sollte unbedingt eine zerdrückte oder gepresste Knoblauchzehe in die Sauce geben.

Grüne Spaghettisauce

- 1 kleine Packung tiefgekühlter Spinat
- 1 Becher Sahne
- 1 kleine Zwiebel
- 1 Knoblauchzehe
- 1 Stück Butter
- Salz und Pfeffer
- 1 Stück Parmesankäse

Schäle die Zwiebel und schneide sie in kleine Würfel. Auch die Knoblauchzehe wird geschält und klein gehackt oder durch die Knoblauchpresse gedrückt. Erhitze dann ein Stück Butter in einem Topf und brate die Zwiebelstücke und den Knoblauch goldgelb an. Öffne nun die Spinatpackung und lass den Spinatblock in den Topf gleiten. Rühre die Sahne unter, wenn der Spinat aufgetaut ist und lass alles noch ein paar Minuten köcheln.

Wenn du Spaghetti mit grüner Sauce isst, sollte jeder noch ein bisschen Parmesankäse über seine Spaghetti reiben. Das schmeckt sehr lecker.

Eis!
Florian ist gerade in der Jugendherberge angekommen.
Nun will er ein Eis essen gehen. Doch welchen Weg muss er nehmen?

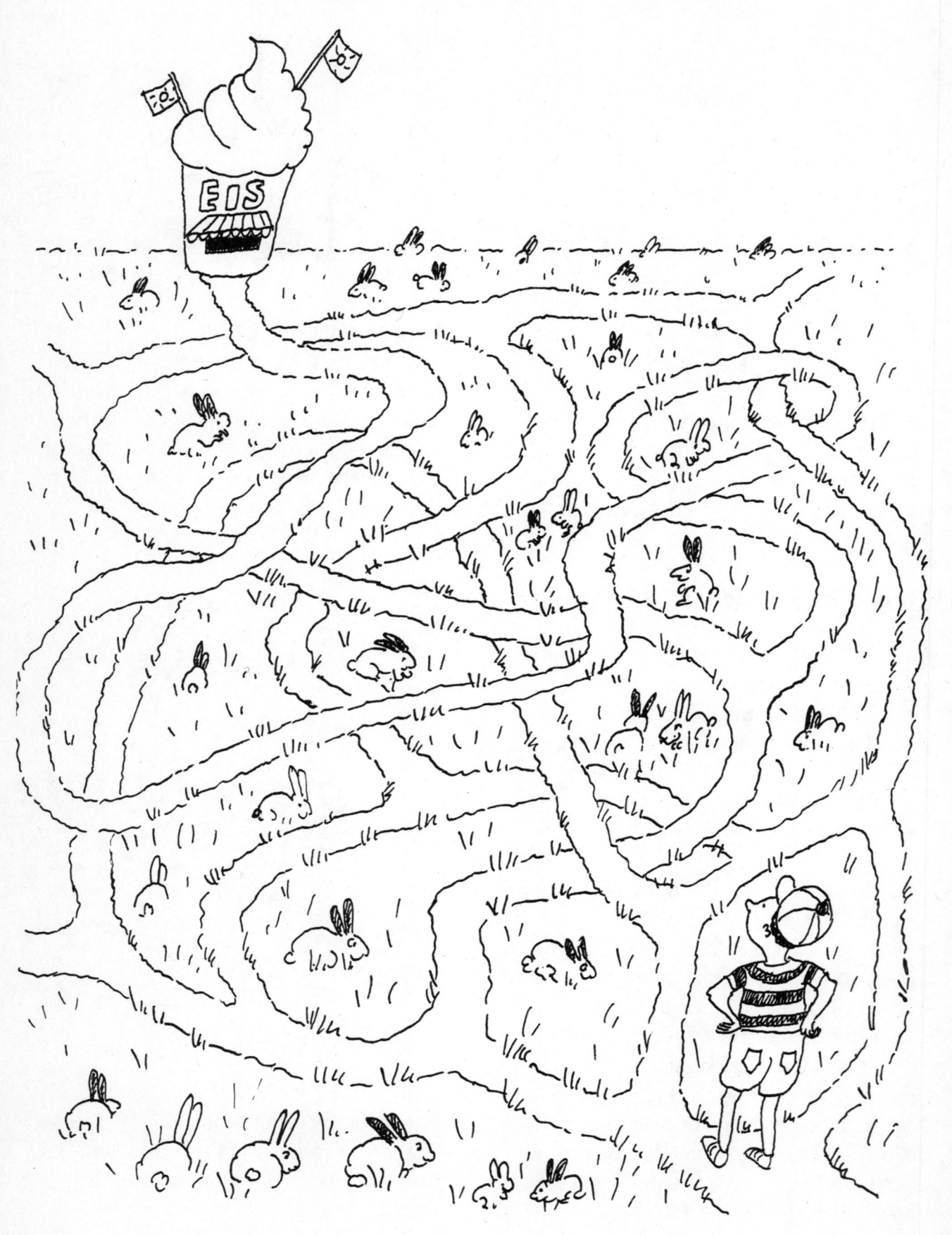

Herbst

Die Blätter fallen
Welches Herbstblatt sieht genauso aus wie das oben abgebildete?

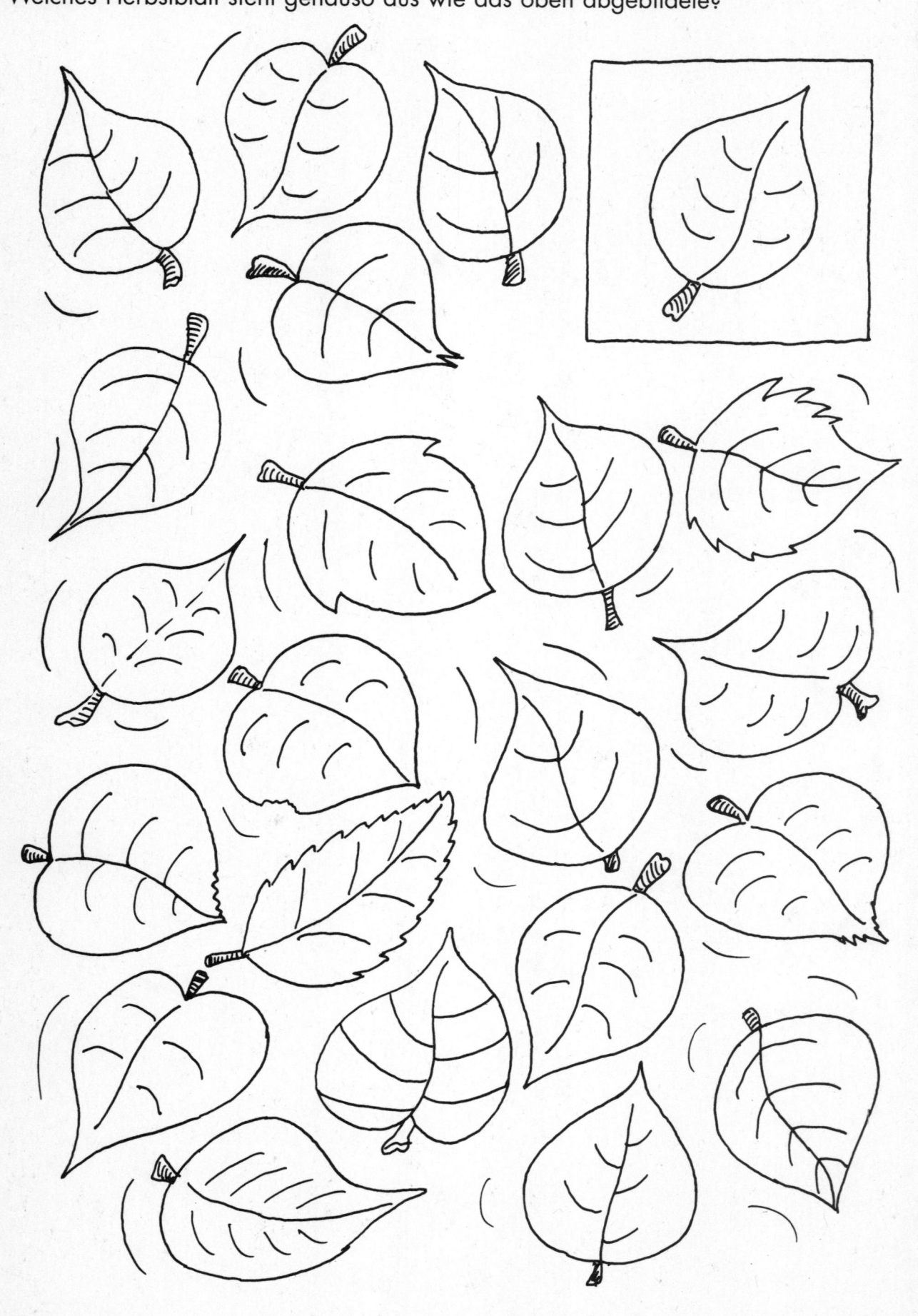

Herbsttag

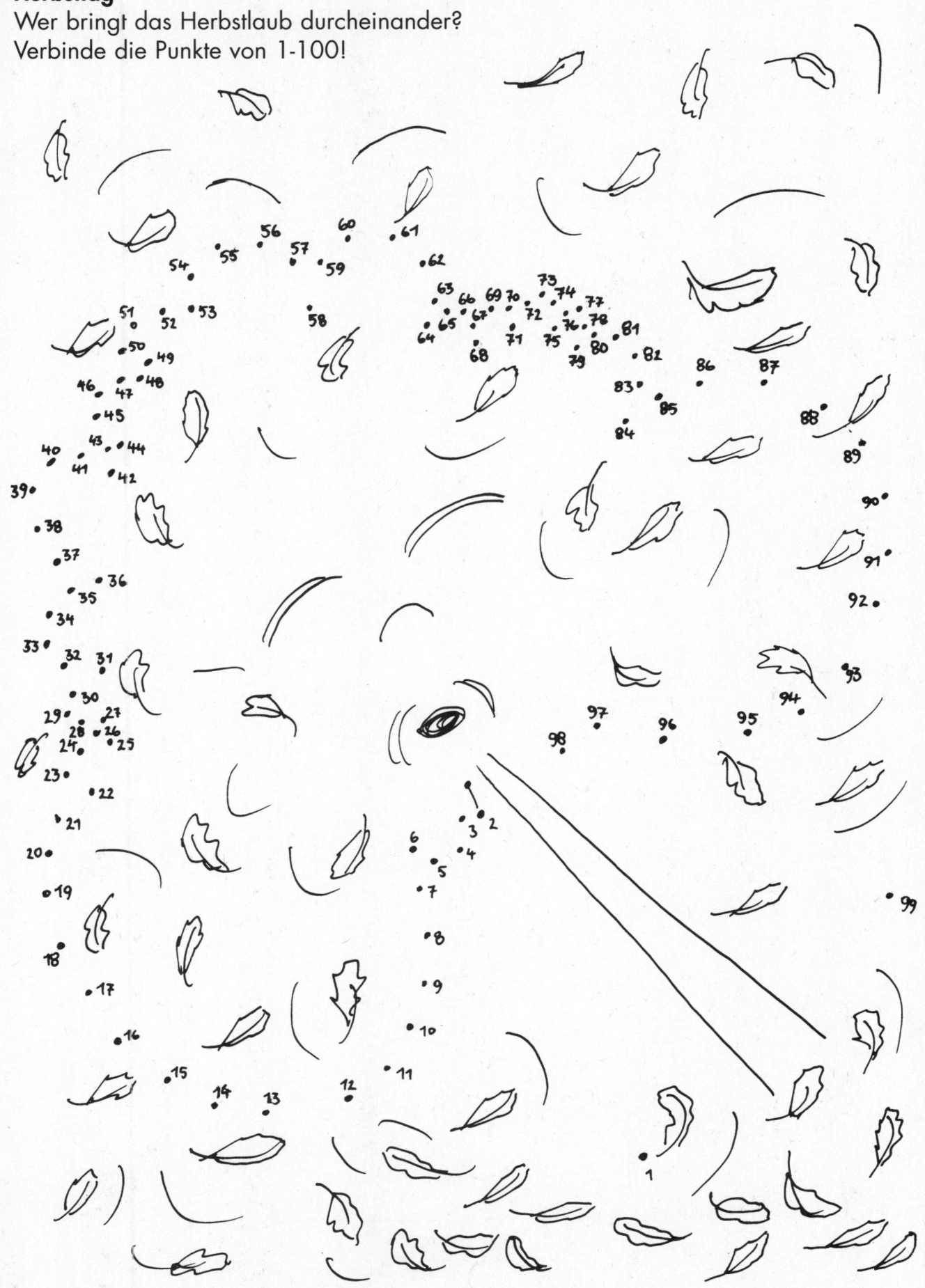

Wer bringt das Herbstlaub durcheinander?
Verbinde die Punkte von 1–100!

Zauberei

Der Streichholzschachtel-Zauber

Für diese Zauberei brauchst du vier leere Streichholzschachteln, ein Gummiband und einige Reiskörner, die du in eine der Schachteln legst. Heimlich bindest du das Gummiband an deinen rechten Unterarm und steckst die Schachtel mit den Reiskörnern unter das Gummiband. Das darf natürlich niemand bemerken, du musst also einen langärmeligen Pulli anziehen. Dem Publikum zeigst du nun die drei leeren Schachteln und legst sie auf den Tisch. Nun hebst du nacheinander die beiden ersten Schachteln mit der linken Hand hoch und schüttelst sie. Wie das Publikum hört, sind sie leer. Die dritte Schachtel nimmst du mit der rechten Hand hoch und schüttelst sie. Alle denken, dass in dieser Schachtel etwas drin ist – das haben sie ja gehört. Jetzt fängst du an, die Schachteln auf dem Tisch zu vertauschen und lässt das Publikum raten, welche Schachtel die volle ist. Leider werden sie nie Recht haben, denn du bestimmst, welche Schachtel rasselt, indem du sie entweder mit der linken oder mit der rechten Hand hochnimmst. Halte deinen rechten Arm ganz ruhig, sonst könntest du dich verraten!

Geheimschriften

Die falsche Worttrennung

Wenn du einen geheimen Brief verschicken möchtest, kannst du mit dem Empfänger eine Geheimschrift vereinbaren. Die Geheimschrift mit der falschen Worttrennung ist ziemlich einfach. Du reißt die Wörter immer an den falschen Stellen auseinander. Damit man dir nicht so schnell auf die Schliche kommt, setzt du an den Anfang des Briefes ein überflüssiges Wort. Der Empfänger weiß, dass er das erste Wort nicht mitlesen darf. Aus dem Satz »Komme heute um drei zum Schuppen« wird mit falscher Worttrennung und dem ersten überflüssigen Wort also zum Beispiel: »Zoptapar Ko Mmeheu Teumdre Izu Mschup Pen.«

A ist eins

Bei dieser Geheimschrift werden die Buchstaben des Alphabets durch Zahlen ersetzt. Schreibe dir eine Liste auf: A = 1, B = 2, C = 3, D = 4, E = 5, usw. bis Z = 26. Wenn du den Text schreibst, nimmst du statt des Buchstabens die entsprechende Zahl. Der Text »Alles okay« lautet verschlüsselt also »1 12 12 5 19 15 11 1 25«.

Und was heißt das?

Gutarlö duha Stesve rsta Nden.

1 3 8 20 21 14 7
7 5 8 5 9 13
14 9 3 8 20
23 5 9 20 5 18 19 1 7 5 14

Im Restaurant

Familie Duffe sitzt im Restaurant. Jeder bestellt sich das Essen.
Doch was reden die für ein Kauderwelsch!
Ordne die Buchstaben neu, um zu erfahren, welche Gerichte bestellt wurden.

Tagesmenü
Schnitzel
Bratkartoffeln
Pfannkuchen
Currywurst
Tomatensuppe
Spaghetti
Eisbecher
Rührei
Strammer Max

1. FOTTRAKBREFLAN
2. POTAMSENTUPE
3. GASPTITHE
4. TISCHLENZ
5. RYWSTURCUR
6. NACHKUPFNEN

Pizza
(für 4-6 Personen, je nach Hunger)

- 1 Paket Backmischung für Pizzateig
- 1 kleine Dose Tomatenmark
- 3 Tomaten
- 1 Paprika (rot, gelb oder grün – je nach Geschmack)
- 150 Gramm frische Champignons
- 150 Gramm gekochter Schinken
- 200 Gramm Käse im Stück (z. B. Gouda)
- 2 Esslöffel Oregano
- etwas Salz und Pfeffer

Bereite den Pizzateig nach Anleitung, die auf der Packung steht. Rolle den Teig mit einem Nudelholz aus. Fette mit einem Backpinsel ein Backblech ein und lege den Teig darauf.
Öffne mit dem Dosenöffner vorsichtig die Dose Tomatenmark und verstreiche das Tomatenmark über den Teig. Wasche die Tomaten, schneide sie in Scheiben (den grünen Stielansatz dabei wegschneiden) und lege sie ebenfalls auf den Teig. Schneide die Paprika auf, entferne das Innere mit den Kernen. Wasche nun kurz die Champignons und schneide sie in Scheiben (braune Stellen dabei wegschneiden). Auch der Schinken wird klein geschnitten.
Die Pizza wird nun mit Paprika, Champignons und Schinken belegt. Streue etwas Oregano, Salz und Pfeffer darüber. Raspel den Käse mit einer Reibe und gib ihn zum Schluss über die Pizza. Die Pizza muss nun im Backofen (mittlere Schiene) bei 220 °C etwa 20 Minuten backen.

Witze rund ums Essen

Die Müllers sitzen beim Abendessen. »Das schmeckt ja wahnsinnig lecker!«, lobt Frau Müller ihren Mann. »Hast du das ganz allein aufgetaut?«

»Ich bin so stark wie ein Bulle!«, sagt Daniel. »Weil ich so viel Fleisch esse!« Meint Christian: »Das hat gar nichts damit zu tun! Ich esse nämlich sehr viel Fisch und kann trotzdem noch nicht schwimmen.«

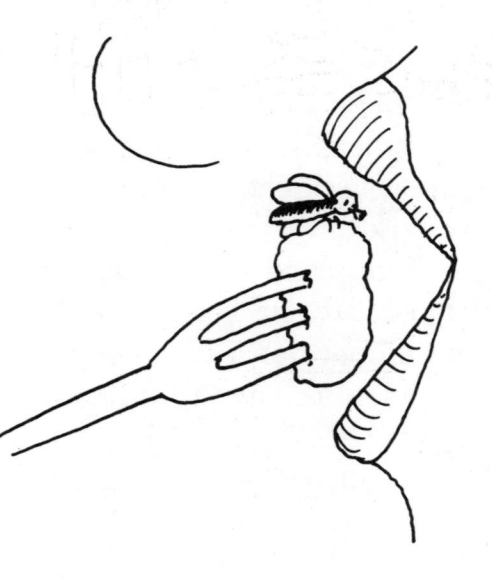

»Du, Mami«, sagt Judith beim Mittagessen.
»Ruhe! Beim Essen spricht man nicht!«
Nach dem Essen wendet sich die Mutter an Judith: »Was wolltest du mir sagen?«
»Jetzt ist es zu spät, Mami. Du hast die Fliege mitgegessen.«

Mama ist ziemlich böse. »Markus, du isst jetzt schon das fünfte Stück Kuchen und ich habe dir nur eins erlaubt!«
»Tut mir Leid«, sagt Markus, »da muss ich mich wohl verzählt haben!«

Sagt der Kellner zu einem Gast: »Unsere Schnecken kann ich sehr empfehlen! Sie sind eine Spezialität des Hauses.«
»Das ist mir bekannt«, antwortet der Gast, »gestern hat mich hier eine bedient.«

»Ich komm ja schon!«

Zwei Fotos

Im Rastplatz-Restaurant darf Fabian zwei Fotos machen.
Zwischen den Fotos ist eine Minute vergangen.
Was hat sich in der Zwischenzeit verändert?

Spaß rund ums Buch

Das besondere Buch

Wenn du eine schöne Geschichte verschenken möchtest, die du selbst ausgedacht hast, dann sollte sie auch in ein ganz besonders schönes Buch geschrieben sein. Wie wär's mit einem Tierbuch?

Du brauchst vier DIN-A4-Blätter. Lege sie auf einen Stapel und falte dann alle Blätter in der Mitte. Mit einem Locher stanzt du einige Löcher entlang der Falzkante. Durch die Löcher ziehst du einen Wollfaden und knotest die Enden zusammen. Dann malst du ein Tier deiner Wahl auf das vordere Blatt. Wichtig dabei ist, dass die Zeichnung an der Faltkante endet. Jetzt schneidest du das Tier durch alle Papierlagen hindurch aus. So erhält das Buch die Form des Tieres. Jetzt kannst du das Buch gestalten, den Text hineinschreiben, dir noch einen Titel ausdenken und alles bunt anmalen.

Lustiges Lesezeichen

Male einen großen, dünnen Clown auf ein Stück dünne Pappe. Der Clown sollte einen besonders großen, lachenden, geschlossenen Mund haben. Male das Bild bunt an und schneide es aus. Dann schneidest du den Mund ein. So kann man den Clown mit dem Mund auf die Buchseite stecken. Er zeigt dir dann, auf welcher Seite du gerade bist. Du kannst dem Clown auch noch Haare aus Wollfäden ankleben.

Mein Tier-Alphabet

In ein Ringbuch oder in ein selbst gemachtes Buch kannst du ein Tier-Alphabet kleben. Schreibe auf jede Seite deines Buches einen Buchstaben: von A bis Z. Nun siehst du alte Zeitschriften nach Tierbildern durch. Findest du ein Tier, schneidest du es aus und klebst es auf die entsprechende Buchseite. Also den Dachs zum D, den Fuchs zum F und so weiter.

Rätsel
Jeweils ein Bild gehört nicht in die Reihe. Welches?
Die Buchstaben ergeben ein Lösungswort.

Lesezeichen

Hast du vielleicht Lust Lesezeichen zu basteln? Du brauchst nur dünne Pappe (oder Tonpapier), eine Schere und bunte Stifte.

Lesezeichen für gruselige Bücher
Male auf die dünne Pappe ein Gespenst und schneide es aus. Schneide den Mund des Gespenstes ein. Dann kannst du das Lesezeichen auf die Buchseite stecken.

Lesezeichen für Tierbücher
Male auf die dünne Pappe einen Giraffenkopf mit langem Hals und schneide ihn aus.

Lesezeichen für lustige Bücher
Male auf die dünne Pappe einen Clown und schneide ihn aus. Die roten Wollhaare klebst du seitlich an den Kopf.

Lesezeichen für Detektivbücher
Male auf die dünne Pappe eine Lupe und schneide sie aus. In den Lupengriff bohrst du ein Loch, ziehst ein schönes Band hindurch und knotest es fest.

Lesezeichen für dein Lieblingsbuch
Schneide aus dünner Pappe ein Rechteck von 4 x 12 cm aus. Male eine Figur oder ein Bild aus deinem Lieblingsbuch darauf. An einer kurzen Seite stanzt du mit einem Locher ein Loch in die Pappe. Durch das Loch ziehst du ein schönes Band und knotest es fest.

Bunte Umschläge für Hefte und Bücher

Hierfür brauchst du Folie in deiner Lieblingsfarbe oder schönes, etwas festeres Papier, Klebeband oder Klebstoff, Schere, Bleistift, Lineal.

1. Lege das Heft oder Buch, das du einschlagen möchtest, auf die Folie. Zeichne parallel zu dessen Kanten im Abstand von 3 cm Linien auf, dort, wo der Kleberand sein soll.

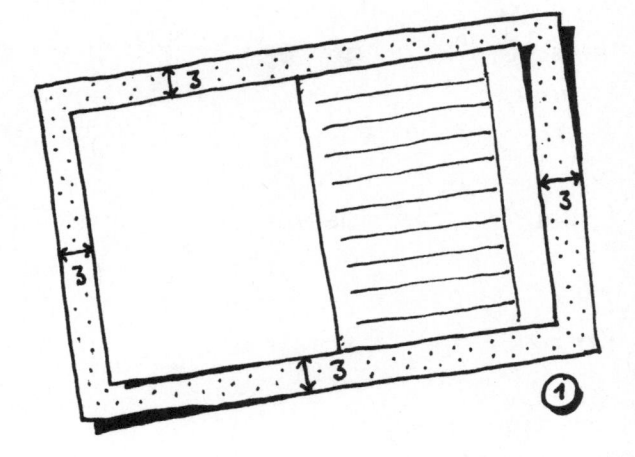

2. Schneide dieses Rechteck aus der Folie oder deinem Papier. Dann mache bei Heften einen Schlitz, bei Büchern einen 1 cm breiten Ausschnitt, wo der Heft- oder Buchrücken sitzen soll. Alle vier Umschlagecken schneidest du bis vor das Heft oder das Buch weg (siehe Zeichnung).

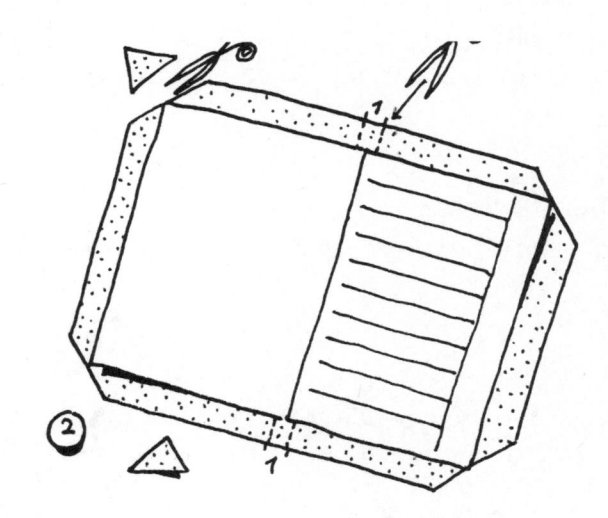

3. Nun klebst du einen Kleberand nach dem anderen vorsichtig nach innen um. Streiche die Ränder mit einem trockenen Tuch glatt, damit keine Luftblasen entstehen.

Übrigens: Wenn du den Umschlag nicht fest kleben möchtest, weil du ihn später wieder entfernen willst, verfährst du wie folgt: Schlage zwei Ränder voreinander und klebe die so entstehende »Naht« in der Ecke mit Klebeband zusammen.

Rätsel

Tierrätsel
In diesem Wirrwarr verstecken sich die folgenden Tiere. Die Wörter können senkrecht (von oben nach unten) und waagerecht (von links nach rechts) im Gitter stehen. Entdeckst du alle Tiere?

Affe Dachs Elster Gepard Igel
Katze Pferd Ratte Reh Tiger

T	I	G	E	R	B	G
H	G	E	P	A	R	D
P	E	L	S	T	E	R
F	L	J	K	T	H	I
E	A	F	F	E	N	O
R	L	K	A	T	Z	E
D	A	C	H	S	M	Z

Wörter-Mix
Was haben diese Wörter gemeinsam?
Radar   Ebbe   Retter
Kennst du noch mehr solcher Wörter?

Berufe-Raten
Welche Berufe haben diese vier Leute?

HERR REDENISCH

HERR RÖSRIF

FRAU RELRHEIN

HERR RALME

Was stört dich?
Ein Begriff in jeder Reihe ist falsch. Welcher? Warum?

Stefan – Sabine – Paul – Andreas
Apfel – Birne – Gurke – Kirsche
Rom – Athen – Paris – München
Möwe – Spatz – Meise – Biene

Rätsel

Verdrehte Namensschilder
Was ist denn heute in der Schule los? Die Buchstaben auf den Namensschildern sind durcheinander gekommen. Kannst du trotzdem herausbekommen, wie die Kinder heißen?

GIRTIB   HOMTAS   LASI

ULSAK   SIRDO   HENJOC

Wasserkessel-Rätsel
Findest du den Kessel ohne Wasser?

Wasserkessel
WasserkesselWasser
WasserkesselWasserkessel
WasserkesselWasserkesselWasser
WasserkesselWasserkesselWasserkessel
WasserkesselWasserkesselWasserkesselWasser
WasserkesselWasserkesselWasserkesselWasserkessel
WasserkesselKesselWasserkesselWasserkesselWasserkessel
WasserkesselWasserkesselWasserkesselWasserkesselWasserkessel

Glas-Geheimnis
Vor Silke stehen 6 Gläser, drei volle und drei leere – immer abwechselnd: ein leeres, ein volles, ein leeres ... Wie kann man es schaffen, dass drei volle Gläser und drei leere nebeneinander stehen, wenn man nur ein einziges Glas berühren darf?

Für Ritterfans

Ritterkarte

Möchtest du deinen Freunden mal eine Ritterkarte schicken? Für diese Karte brauchst du ein DIN-A4-Blatt weißes Papier und einen DIN-A4-Bogen Tonpapier in einer beliebigen Farbe. Lege das weiße Papier so vor dich, dass eine lange Seite zu dir zeigt und falte das Blatt einmal in der Mitte. Den Falz des Papiers schneidest du in der Mitte einmal ein. Das über dem Einschnitt liegende Papier klappst du nun zu einem Dreieck nach oben und dann in die andere Richtung. Öffne nun das Papier ein wenig und drücke das entstandene Dreieck vorsichtig nach innen. Wenn du das Papier jetzt ganz öffnest, ist ein hervorstehendes Dreieck entstanden. Male einen Ritter auf die Innenseiten des Papiers. Das vorstehende Dreieck wird zur Visierklappe des Ritters. Zum Schluss faltest du das Tonpapier wie vorher das weiße Papier und klebst das weiße Papier auf das Tonpapier. So sieht deine Ritterkarte auch von außen schön aus. Vergiss nicht, Platz für den Text deines Briefes zu lassen.

Farbpapier hier ankleben

Himmelbett

Möchtest du einmal in einem Himmelbett von Rittern und Drachen träumen? Ein Himmelbett lässt sich schnell errichten. Du brauchst vier Rollen Krepppapier. Schneide jede Rolle in vier kürzere Rollen, so kannst du ganz schnell Streifenbänder aus Krepppapier herstellen. Binde dann die Enden aller Rollen mit einem Wollband zusammen. Wenn du den Wollfaden nun oben an der Decke über deinem Bett aufhängst, werden die Krepppapierstreifen über dein Bett reichen.

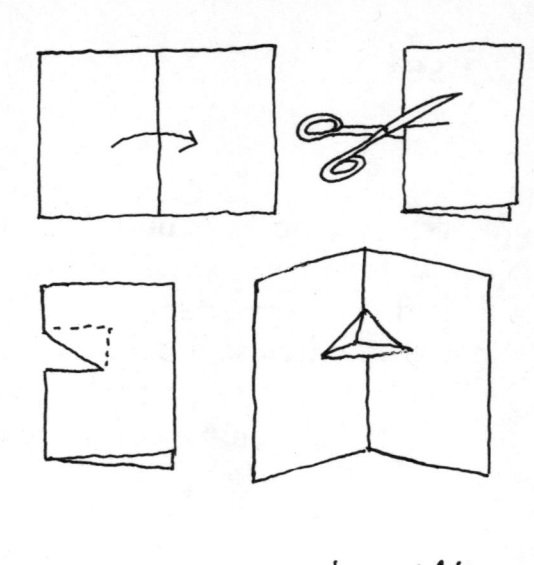

Leuchtende Ritterburg

Für die leuchtende Ritterburg brauchst du einen Schuhkarton ohne Deckel und Transparentpapier in unterschiedlichen Farben. Schneide aus dem Boden des Schuhkartons ein großes Rechteck aus. Dann schneidest du ein etwas größeres Rechteck aus einem Bogen Transparentpapier zu. Auf diesen Bogen klebst du eine ausgeschnittene Burg aus Transparentpapier, vielleicht noch einen Baum und ein Burggespenst. Dann klebst du das Papier gegen die offene Innenseite des Kartons. Stelle die fertige Burg vor eine Lampe und die Burg wird leuchten.

Überraschungsburg

Bei der Überraschungsburg lassen sich viele Fenster und Türen öffnen. Was sich wohl dahinter verbirgt? Male auf ein großes Zeichenblatt eine Burg mit vielen Fenstern und Türen. Schneide dann alle Türen und Fenster an drei Seiten auf, so dass sie sich aufklappen lassen. Nun klebst du die Burg auf ein weißes Blatt Papier. Öffne die Türen und Fenster und male, was sich dahinter verbirgt. Vielleicht ein Burggespenst oder ein Hofnarr?

Ritterverkleidungen

Ritter

Die Grundausstattung für ein Ritterkostüm lässt sich leicht beschaffen: Eine Strumpfhose oder Leggings, ein weites – möglichst langärmeliges – T-Shirt und ein Ledergürtel um die Taille lassen dich schon recht ritterlich aussehen. Wenn das T-Shirt alt ist, kannst du es mit einem Wappen bekleben. Die Form schneidest du aus einem Stück Filz aus. Zu dem Kostüm passen braune Wildlederschuhe. An den Gürtel kannst du noch ein Schwert hängen. Wie das gebastelt wird, siehst du auf Seite 90. Perfekt wird das Kostüm mit einem Schulterumhang und einem Schild.

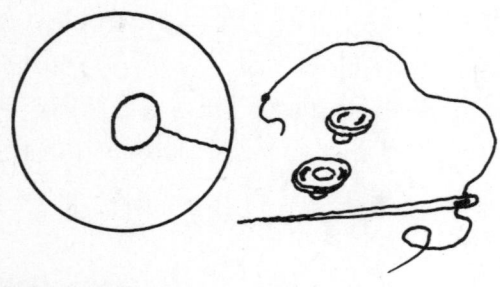

Schulterumhang

Um einen Schulterumhang zu machen, brauchst du ein Stück einfarbigen Stoff, welches groß genug sein muss, dass du daraus einen Kreis mit 40 cm Durchmesser zuschneiden kannst. Schneide den Kreis aus dem Stoff. Male in die Mitte des Kreises einen kleinen Kreis vor. Der kleine Kreis sollte einen Durchmesser von etwa 15 cm haben. Dann schneidest du von einem Punkt des Stoffrandes in den Stoff, bis du zum kleinen Kreis gelangst. Diesen Kreis schneidest du aus dem Stoff heraus. Nun ist dein Schulterumhang fertig. Ganz perfekt wird er, wenn oben noch ein Druckknopf angenäht wird – vielleicht hilft dir ein Erwachsener dabei?

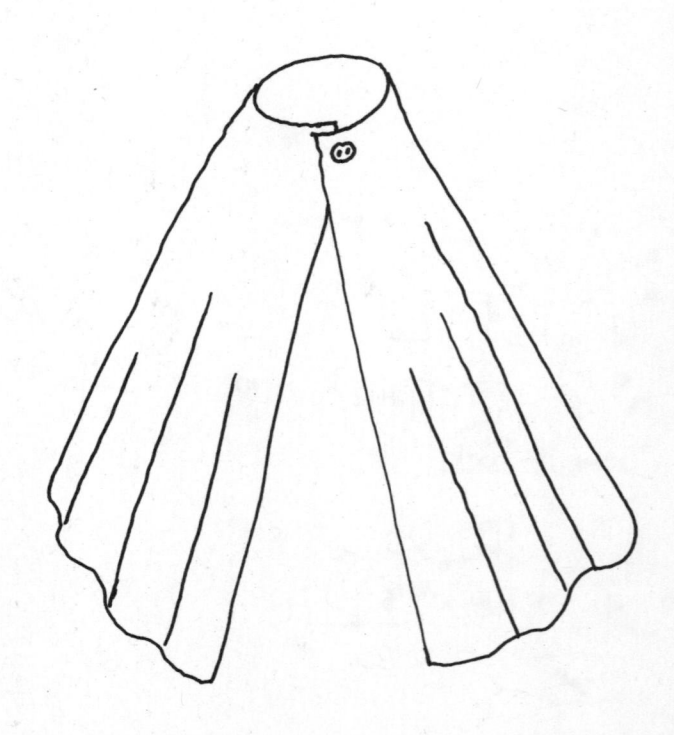

Langer Umhang

Du kannst auch einen langen Umhang nähen, der bis zu den Knien reicht. Dazu brauchst du ein Stück Stoff, das 1,5 Meter lang und 40 cm breit ist. Schneide aus der Mitte des Stoffes ein Loch heraus. Es muss so groß sein, dass dein Kopf hindurchpasst. Du kannst den Umhang mit einem Wappen aus Filz bekleben. Nun musst du nur noch mit dem Kopf in den Umhang schlüpfen und einen Ledergürtel um deine Taille binden.

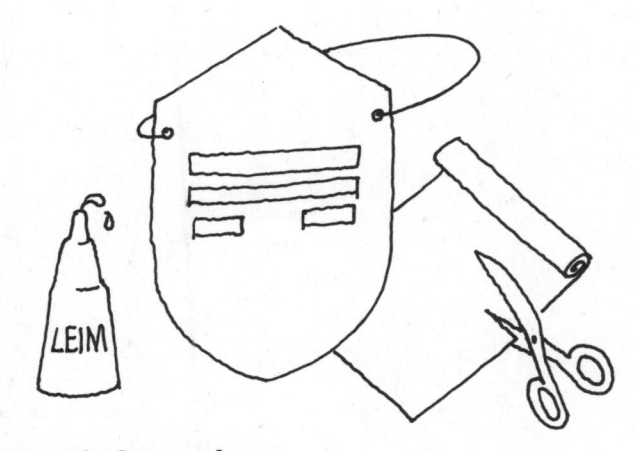

Ritterhelmmaske

Für diese Maske brauchst du ein Stück festes Papier und Alufolie. Schneide aus dem Papier die Grundform aus. Dazu malst du auf das Papier ein Quadrat (20 x 20 cm) vor. Oben auf das Quadrat setzt du noch ein Dreieck, unten an das Quadrat zeichnest du einen spitz zulaufenden Halbkreis. Schneide die Form aus und beklebe sie mit Alufolie. Dann schneidest du einige Streifen aus der Form heraus, und zwar etwa in Augenhöhe. So entsteht das sogenannte Visier. Durch die Streifen kannst du durchgucken, wenn du die Maske aufsetzt. Jetzt fehlt nur noch ein Gummiband. Stanze mit einem Locher je ein Loch in die Seiten der Maske, ziehe ein dickes Gummiband hindurch und sichere die Enden jeweils mit einem Knoten.

Federschmuck

Viele Ritter hatten an ihren Helmen einen großen Federbuschel. Das sah nicht nur hübsch aus, es ließ die Ritter auch größer und damit gefährlicher erscheinen. Du kannst einen solchen Federschmuck basteln und an die Ritterhelmmaske kleben. Und so geht's: Du brauchst ein DIN-A4 Papier. Drehe das Blatt zu einer Rolle und halte sie in einer Hand fest. Dann schneidest du die Rolle oben viermal ein. Die Einschnitte sollten etwa 10 cm tief sein. Ziehe nun die inneren Papierstreifen vorsichtig nach oben, so wächst dein Federschmuck. Zum Schluss klebst du ihn mit durchsichtigem Klebeband an der Maske fest. Wenn du farbiges Papier benutzt, sieht der Federbuschel ganz besonders toll aus.

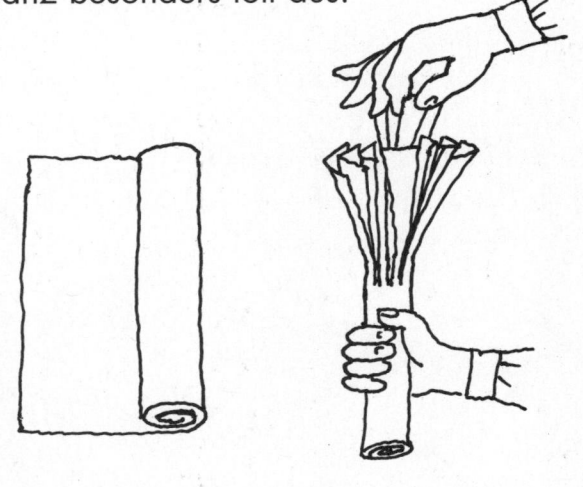

Ritterhelm

Du kannst auch einen Ritterhelm basteln, der um den ganzen Kopf reicht. Dazu brauchst du einen Bogen festes Papier, der so breit sein muss, dass er einmal um deinen Kopf passt.
Beklebe das Papier mit Alufolie und klebe die Ränder zu einer großen Röhre zusammen. Nun kannst du den Helm über deinen Kopf stülpen und aufmalen, auf welcher Höhe deine Augen liegen. Dort schneidest du dann einen Sehschlitz in den Helm.

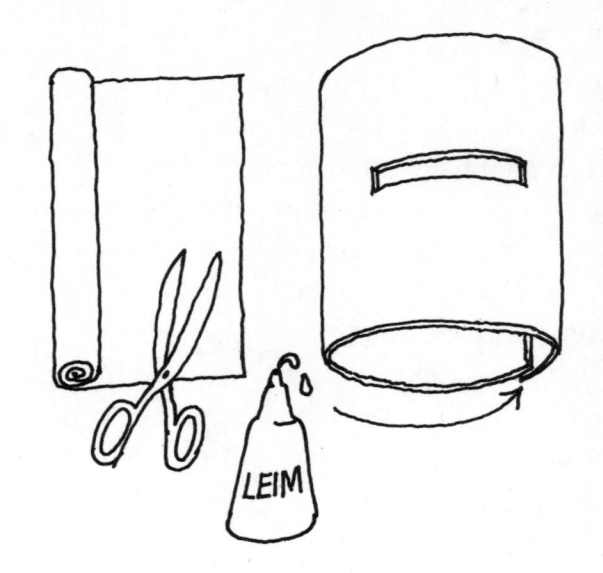

Ritterrüstung

Für eine Ritterrüstung brauchst du einen großen Pappkarton. Schneide oben ein Loch in den Karton – es muss so groß sein, dass dein Kopf hindurchpasst. An die Seitenteile des Kartons schneidest du zwei Löcher für deine Arme und den unteren Teil des Kartons schneidest du ganz weg. Zum Schluss malst du den Karton mit silberner Farbe an oder beklebst ihn mit Alufolie. Ganz besonders toll sieht dieses Kostüm aus, wenn du eine silbrige Strumpfhose dazu trägst.

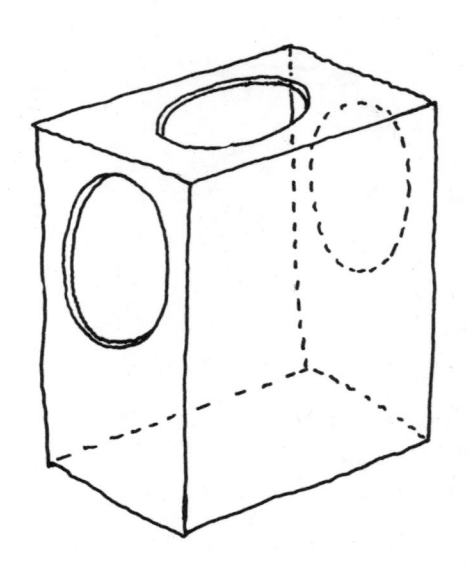

Schwert

Aus Pappe kannst du ein Schwert basteln. Dazu malst du eine Schwertform auf die Pappe vor und schneidest sie aus. Die Klinge beklebst du mit Alufolie. Den Griff des Schwertes malst du mit Buntstiften an.

Ungeheuerlich!
Willst du wissen, was Brit hier so bestaunt?
Aber lass dich nicht beirren.
Verbinde nur die geraden Zahlen.

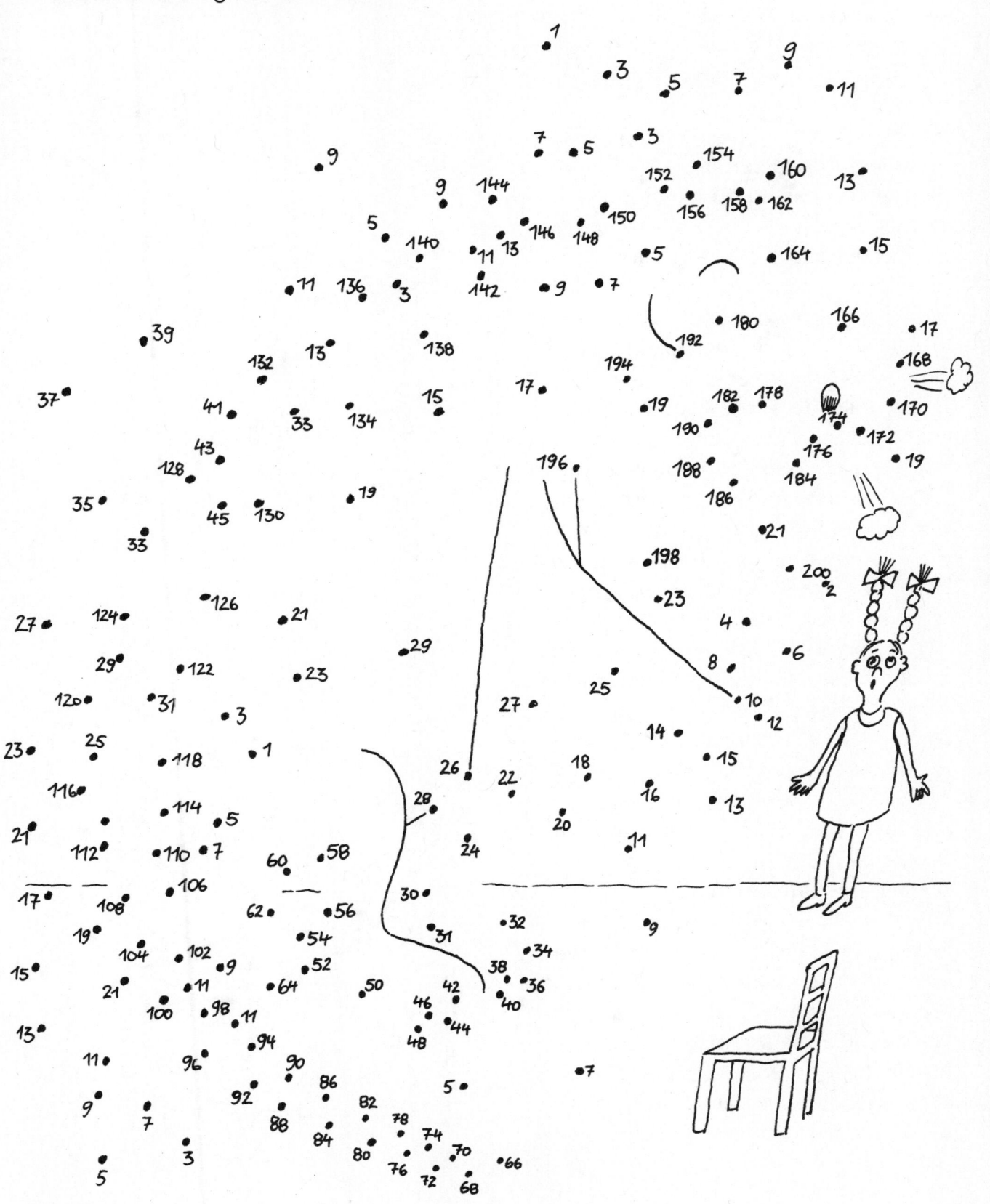

91

Ritterburg

Hast du Lust eine Ritterburg zu basteln? Dazu brauchst du möglichst viele leere Pappkartons, Pabprollen, Schachteln und Tonpapier. Sammle alles Material, das dir geeignet erscheint, zusammen und überlege, wie deine Burg aussehen könnte.

Du kannst den größten Karton kopfüber als »Berg« benutzen und dann einen Karton als Festung zuschneiden und darauf kleben. In die Mitte kommt vielleicht noch ein Turm. Aus Papprollen kannst du Wachtürme basteln, die du links und rechts aufstellst. Wenn deine Türme ein Dach haben sollen, so kannst du es aus Tonpapier zuschneiden. Dazu malst du einen Kreis vor und schneidest ihn aus. Schneide ein Viertel weg und schiebe das Papier zu einem Dach zusammen. Dann klebst du die Kanten mit Klebeband zusammen. Vielleicht wehen auch Fahnen an deiner Burg? Die kannst du aus Tonpapier oder Stoffresten ausschneiden und an Schaschlikstäbe kleben, die du wiederum in die Turmdächer steckst.

Die Burg kannst du anmalen oder aber auch mit Sand bekleben. Dazu musst du die Pappen mit viel Klebe gleichmäßig bestreichen und sie dann in feinen Sand drücken – der Sand bleibt an der Klebe hängen und gibt deiner Burg ein natürliches Aussehen.

Wichtig ist auch das Burgtor. Male die Torform auf die Pappe und schneide entlang dieser Linie. Nun kannst du die Tür nach unten aufklappen und nach oben wieder verschließen. Du kannst noch Wollfäden als »Ketten« daran anbringen. Wer wohnt auf deiner Burg, und welche Abenteuer werden die Bewohner erleben?

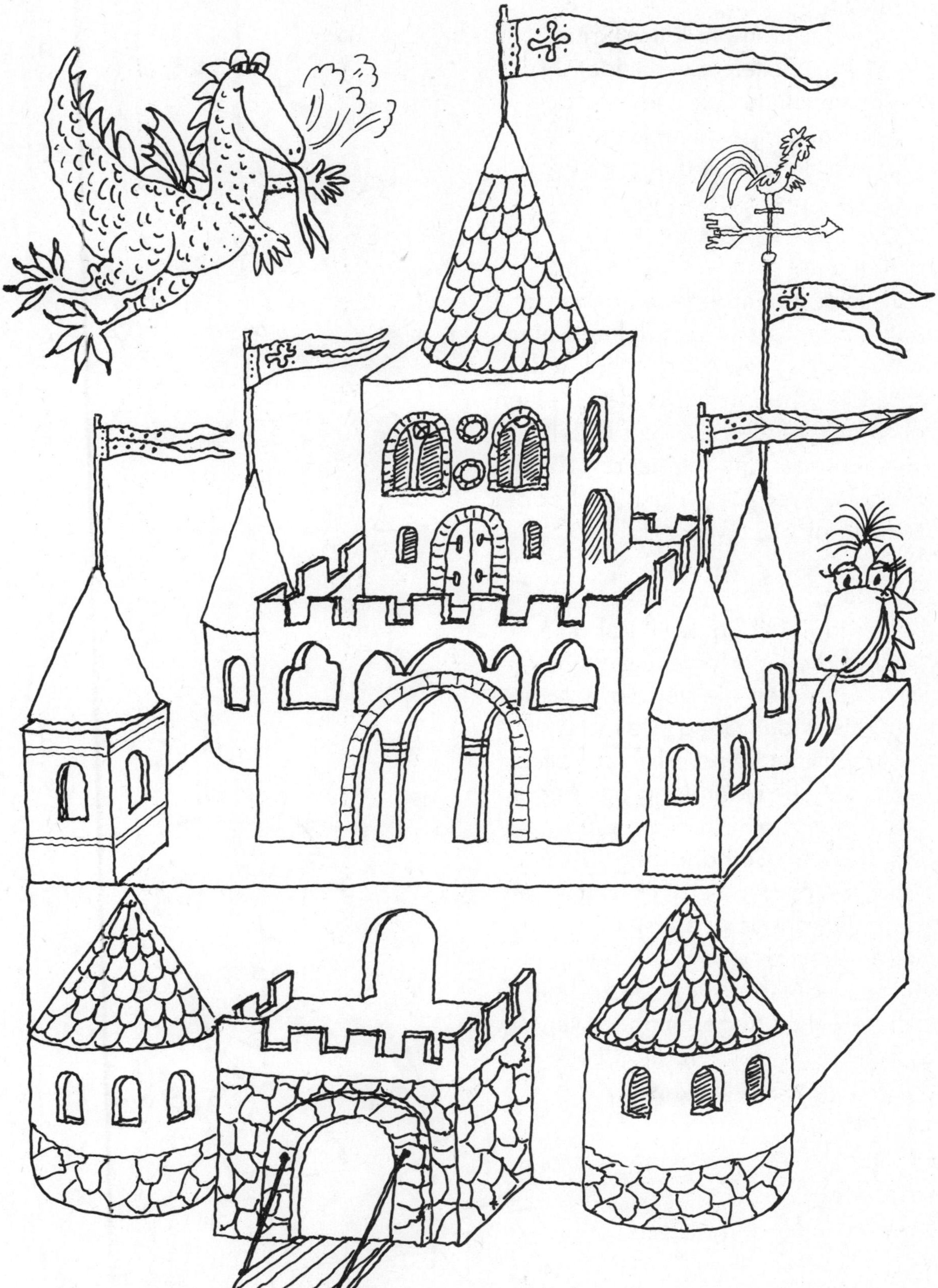

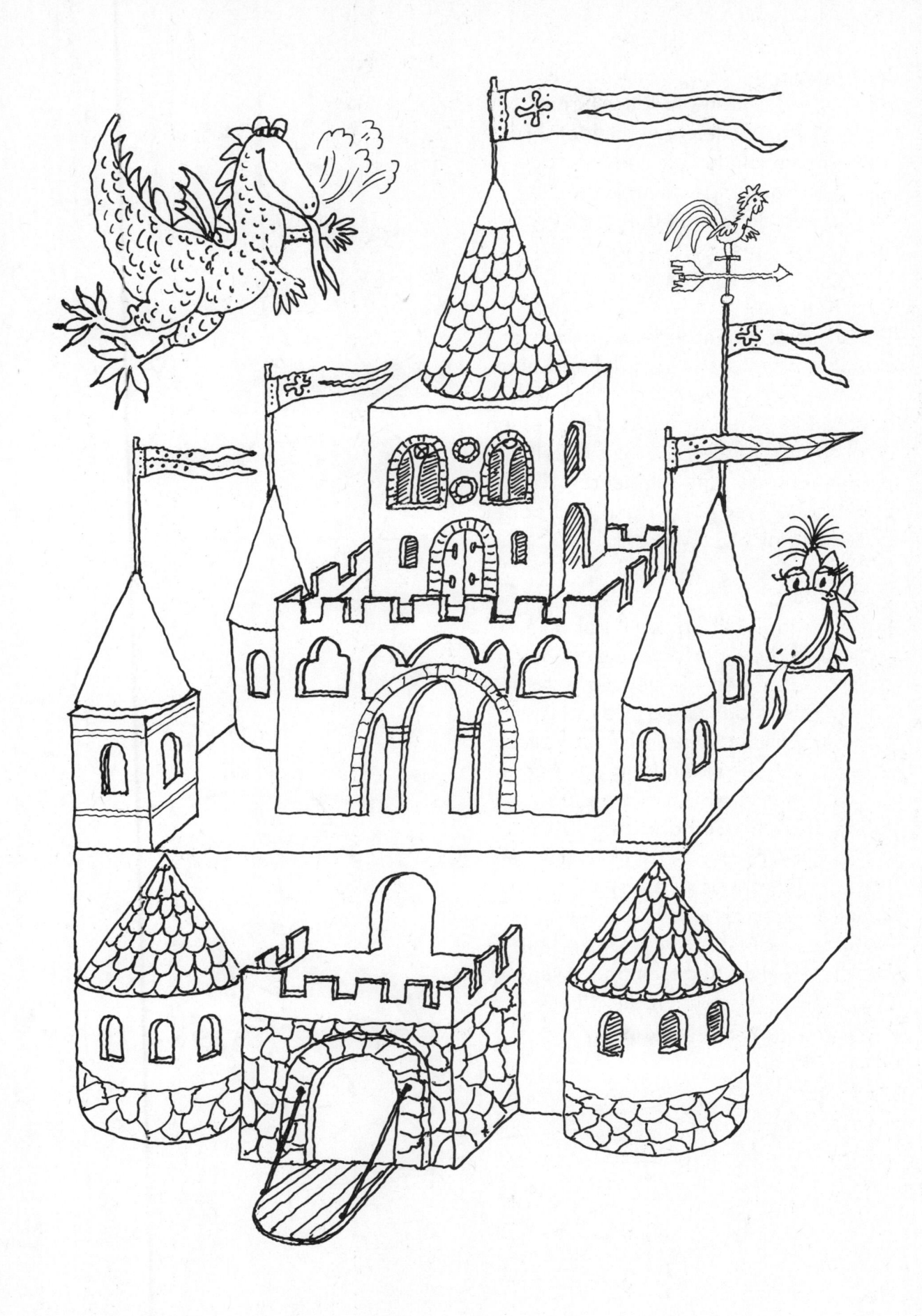

Ritter-Turnier

Gemeinsam mit einigen Freunden kannst du draußen ein Ritter-Turnier veranstalten. Vielleicht verkleidet ihr euch alle mittelalterlich und schmückt den Platz mit einigen Krepppapierstreifen wie auf einem Burgfest? Hier sind einige Spielvorschläge:

Kartoffelkampf

Zwei Spieler treten gegeneinander an. Jeder bekommt zwei Esslöffel und eine Kartoffel. In der einen Hand hält jeder Ritter einen Löffel, in der anderen einen Löffel samt Kartoffel. Ziel des Spiels ist es, dem Gegner mit dem leeren Löffel die Kartoffel wegzuschlagen und dabei die eigene nicht zu verlieren.

Sichere Burg

Teilt euch in zwei Gruppen auf: Die einen sind die Ritter der Burg Hohenstein, die anderen die Verfolger. Malt einen Kreis in den Sand. Das ist die Burg Hohenstein. Die Verfolger halten sich nun 30 Sekunden lang die Augen zu. Die Ritter der Burg Hohenstein haben in dieser Zeit die Möglichkeit, sich ein geeignetes Versteck zu suchen. Danach beginnt das Fangspiel. Die Ritter versuchen die rettende Burg zu erreichen, dort sind sie in Sicherheit und dürfen nicht abgeschlagen werden. Die Verfolger versuchen die Ritter zu finden, beziehungsweise abzuschlagen.

Reiterkampf

Bei diesem Spiel spielt ein Ritterpaar gegen ein anderes. Der Stärkere des Paares nimmt den anderen huckepack. Die Reiter haben jeweils ein Wollband um ihre Handgelenke gebunden. Beide versuchen nun, die Schleife des anderen zu lösen und das Wollband zu ergattern.

Brezelschnappen

An einer Leine, die in Kinnhöhe der Mitspieler gespannt ist, hängen an Schleifen so viele Brezel wie es Mitspieler gibt. Jeder versucht nun eine Brezel zu essen. Die Hände dürfen bei diesem Spiel nicht benutzt werden, sie werden hinter dem Rücken gehalten.

Burgball

Stellt drei große Stöcke aufrecht gegeneinander – das ist die Burg. Um die Burg herum zieht ihr einen großen Kreis. Die Kreislinie sollte etwa 6 Meter von der Burg entfernt verlaufen. Zwei Mitspieler sind die Burgbewacher, sie stehen innerhalb des Kreises. Die anderen Kinder stellen sich am Kreis auf. Die Außenstehenden haben einen Ball und versuchen damit die Burg zum Einstürzen zu bekommen. Die Burgbewacher versuchen die Bälle abzuhalten. Wer es schafft die Burg zu treffen, darf sich einen Partner suchen und in die Mitte wechseln.

Dosenwerfen

Stellt 15 Blechdosen zu einer Pyramide auf. Nacheinander versucht nun jeder von euch, so viele Dosen wie möglich mit einem Tennisball umzuwerfen. Jeder darf dreimal werfen.

Windbeutel

Möchtest du Windbeutel backen?
Dazu brauchst du:
- 1/4 Liter Wasser
- 1 Prise Salz
- 75 Gramm Butter
- 175 Gramm Mehl
- 4 Eier
- 1/2 Liter Sahne
- 2 Päckchen Vanille-Zucker
- Puderzucker

1. Fülle das Wasser, das Salz und die Butter in einen Topf und erwärme das Gemisch, bis die Butter geschmolzen ist. Nimm den Topf anschließend von der Kochstelle.
2. Schütte das Mehl hinein und stelle den Topf wieder auf die Kochplatte. Rühre, bis der Teig zusammenklebt.
3. Gib den Teig in eine Schüssel, schlage die Eier auf und gib Eigelb mit Eiweiß ebenfalls in die Schüssel.
4. Lege ein Backblech mit Backpapier aus oder fette es ein.
5. Gib nun eiergroße Teighäufchen auf das Blech. Der Teig wird bei 220 °C etwa 30 Minuten gebacken.
6. Inzwischen kannst du die Sahne steif schlagen, die du mit Vanille-Zucker süßt.
7. Wenn die Windbeutel fertig sind, schneidest du sie in der Mitte durch – wie ein Frühstücksbrötchen.
8. Ist der Teig ausgekühlt, gibst du Sahne auf die unteren Hälften der Windbeutel und setzt die oberen Teile darauf. Das Ganze bestreust du dann noch mit Puderzucker.

Lustige Partyspiele

Diese Spiele könnt ihr auf der nächsten Geburtstagsparty ausprobieren.

Apfelbeißen
An einer Schnur, die zwischen zwei Bäumen gespannt ist, hängen lauter Äpfel. Die Äpfel müssen für alle erreichbar sein, denn ihr sollt nun versuchen, Stück für Stück von den Äpfeln abzubeißen. Die Hände darf man dabei natürlich nicht benutzen.

Malen mit geschlossenen Augen
Jedes Kind bekommt ein Blatt Papier und einen Stift. Allen Mitspielern werden die Augen verbunden. Nun schlägt jemand ein Tier vor, zum Beispiel »Katze«. Daraufhin versuchen alle Kinder eine Katze zu malen. Mit verbundenen Augen ist das wirklich nicht einfach und es gibt viel zu lachen.

Schokoladen-Essen
Für das Spiel braucht man eine Tafel Schokolade, die mehrmals in Zeitungspapier eingewickelt ist, einen Würfel, eine Mütze, ein Paar Handschuhe, einen Schal und außerdem Messer und Gabel. Und so wird gespielt: Alle Kinder setzen sich an den Tisch. Reihum wird gewürfelt. Wer eine 6 würfelt, hat die Chance etwas Schokolade zu naschen. Dazu muss man allerdings erst die Mütze aufsetzen, den Schal umbinden, die Handschuhe anziehen und dann Gabel und Messer in die Hand nehmen. Das Schokoladenpaket darf nur mit Gabel und Messer berührt werden. Zuerst versucht man das Zeitungspapier loszuwerden. Bis endlich die Schokolade zum Vorschein kommt, wird es etwas dauern. Die anderen Kinder würfeln inzwischen natürlich weiter. Wenn ein anderes Kind eine 6 würfelt, ruft es »Ich!«, nimmt dem anderen Mütze, Schal, Handschuhe und so weiter ab und versucht selbst sein Glück.

Burggespenster

Burggespenstkostüm

Du kannst dich ganz einfach als Burggespenst verkleiden, dazu brauchst du nur ein weißes altes Laken. Lege das Laken über deinen Kopf und lasse jemanden aufmalen, wo die Löcher für die Augen sitzen müssen. Dann nimmst du das Laken ab und schneidest die beiden Löcher hinein. Fertig ist das Burggespenstkostüm. Du kannst es für das folgende Spiel benutzen.

Gespenster-Hindernislauf

Dieses Spiel spielen immer zwei Kinder zusammen. Einer verkleidet sich mit einem Laken als Burggespenst. Das Burggespenst sollte aber in diesem Fall nichts sehen können – dreht die Augenlöcher des Lakens also auf euren Hinterkopf. Der andere Spieler baut eine Hindernisstrecke auf, zum Beispiel mit Flaschen, Kartons und Büchern. Am Ende der Strecke liegt vielleicht eine kleine Überraschung für das Gespenst, zum Beispiel etwas Leckeres. Dann hilft der Spieler ohne Kostüm dem Burggespenst die Hindernisstrecke zu bewältigen, indem er dem Gespenst sagt, wann es das Bein heben, wann es nach links oder rechts gehen soll.

Fenster-Burggespenst

Für dieses Burggespenst brauchst du ein Blatt weißes Papier und gelbes Transparentpapier. Male auf das weiße Papier die Form eines Gespenstes und schneide sie aus. Schneide dann zwei große Augen aus und beklebe die Löcher von hinten mit dem Transparentpapier. Jetzt kannst du das Gespenst an die Fensterscheibe kleben.

Ballon-Gespenst

Du brauchst eine alte Zeitung, einen Luftballon, weißes Krepppapier und Tapetenkleister. Puste den Ballon auf und rühre etwas Tapetenkleister mit Wasser an. Reiße das Zeitungspapier in Streifen und klebe die Streifen Schicht auf Schicht mit dem Kleister auf den Ballon. Das Ganze muss zwei Tage lang trocknen. Dann schneidest du aus dem Krepppapier lange Streifen und klebst sie an den Ballon, so dass ein kleines Gespenst entsteht. Male dem Gespenst zum Schluss noch schwarze Augen auf und hänge es auf. Das sieht schön gruselig aus.

Gespenster-Marionette

Du brauchst einen weißen Stoffrest (zum Beispiel ein altes Stofftaschentuch), eine große und zwei kleine Holzkugeln mit kleinen Löchern, einen Gardinenring, weiße Wolle und eine Stopfnadel. Ziehe einen Wollfaden durch die große Holzkugel und sichere das eine Ende durch Knoten. Ziehe den Faden mit Hilfe der Nadel durch die Mitte des Stoffstückes, so dass der Stoff über der Kugel liegt. Das Gleiche machst du mit den kleinen Kugeln an der linken und rechten Seite des Stoffes. Zum Schluss werden alle drei Fäden an dem Ring befestigt.

Wer trifft das Burggespenst

Für dieses Spiel brauchst du ein Stück Pappe, einen alten Schuhkarton und einige Murmeln. Male auf die Pappe ein großes Burggespenst und schneide es aus. An den unteren Rand malst du drei verschieden große Halbkreise. Klebe nun das Burggespenst gegen eine lange Seite des Schuhkartons, die Öffnung des Schuhkartons zeigt dabei nach unten. Schneide alle Halbkreise und die darunter liegende Pappe des Schuhkartons weg. Jetzt bekommt das Gespenst noch Augen aufgemalt, außerdem schreibst du Punktzahlen über die Halbkreise. 3 Punkte über die kleinste Öffnung, 2 Punkte über die mittlere Öffnung und 1 Punkt über die große Öffnung. Jetzt kannst du das Burggespenst auf den Boden stellen. Aus etwa 3 Meter Entfernung versuchst du nun, Murmeln in die Öffnungen zu rollen. Wenn ihr das Spiel zu zweit spielt, zählt ihr eure Punkte nach 20 Versuchen zusammen. Wer hat die meisten Punkte erreicht?

MAX

OSKAR

WIEBKE

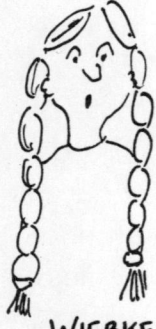

ANKE

Mitternacht im Geisterschloss – da ist was los! Wie viele Gespenster kannst du entdecken? Und wie viele Fledermäuse? Vermisst werden außerdem:

Max

Oskar

Anke

Wiebke

Was soll ich in der Ferne?
Hier grusel ich mich gerne.

Geisterparty am SAMSTAG

DRACULA

Gruselgeschichte

Brauche neuen Besen! Ruf an

Suche Ketten

Wer hat das Buch von Frankenstein

SUCHE GEISTERFAHRER

GRUSEL-NACHHILFE
Tel. 666 666

Monster-Basteleien

Monsterfüße und Krallen

Willst du dich mal als Monster verkleiden? Mit Riesenfüßen und Krallen? Dazu brauchst du braunes Tonpapier, Wasserfarben, Wollreste, Schere und ein Gummiband. Zuerst malst du zwei große Füße und zwei Krallenhände auf das Tonpapier. Schneide die Formen aus und schneide dann vom Rand aus noch einen Kreis in der Mitte der Pappe. Die Pappfüße und Hände kannst du noch anmalen. Du kannst auch Wollfäden auf die Hände und Füße kleben, wenn du ein haariges Monster sein willst. Jeweils links und rechts in die Seiten der Pappe bohrst du nun ein Loch, ziehst ein Stück Gummiband hindurch und sicherst es mit je einem Knoten. Dann kannst du das Gummiband um deine Füße, oder um deine Hände binden.

Aaaah! Eine Maus!

Monstermaske

Wenn dein Monsterkostüm ganz perfekt sein soll, kannst du auch noch diese Monstermaske basteln. Auf einen weißen Pappkreis (der so groß ist wie dein Gesicht) malst du ein Monstergesicht. Schneide Löcher für die Augen und den Mund in die Pappe. Klebe auch Wollfäden als Haare daran, dann wird's richtig schön gruselig. Links und rechts an den Rand der Maske bohrst du je ein Loch, ziehst ein Gummiband hindurch und sicherst es mit jeweils einem Knoten.

Hexentreppen-Basteleien

Weißt du, was eine Hexentreppe ist? Hier siehst du, wie man aus zwei Papierstreifen eine Hexentreppe basteln kann.

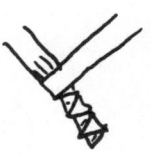

Klebe die Enden zweier Papierstreifen (etwa 2 cm breit und 30 cm lang) aufeinander. Dann faltest du einen Streifen über das Ende des anderen. Danach faltest du den anderen Streifen über das Ende des ersten. Das machst du immer abwechselnd, bis beide Streifen verbraucht sind. Die Enden klebst du wieder zusammen. Mit Hexentreppen kannst du einiges machen.

Pop-Up-Karte
Falte ein Tonpapier in DIN-A4-Größe einmal in der Mitte und wieder zurück. Auf die rechte Seite des Blattes klebst du die Hexentreppe. Darauf klebst du eine – aus Papier ausgeschnittene – Blume, einen Marienkäfer, ein Herz, eine Zahl (für Geburtstagskarten) oder was immer dir einfällt. Auf die linke Seite kannst du noch ein paar Zeilen schreiben. Klappe die Karte zu und gestalte die Vorderseite. Vielleicht schreibst du »Herzlichen Glückwunsch« darauf oder malst einfach noch ein passendes Bild.

Pop-Up-Schachtel für liebe Menschen
Du brauchst eine kleine Schachtel, zum Beispiel ein Schmuckkästchen oder etwas ähnliches (kleine Spanschachteln gibt es im Bastelgeschäft). Wichtig ist, dass die Schachtel einen Deckel hat. Öffne die Schachtel und klebe die Hexentreppe auf den Schachtelboden. Sie soll höher als die Schachtel sein, so dass du die Hexentreppe zusammendrücken musst, um die Schachtel zu schließen. Auf das Ende der Hexentreppe klebst du nun ein rotes Herz. Das Herz darf aber nicht größer als die Schachtel sein, es muss ja hineinpassen. Öffnet nun ein lieber Mensch deine Schachtel, kommst ihm das Herz entgegen. Auf das Herz kannst du natürlich noch etwas schreiben.

Herbstliche Idylle

Wie schön sich der Wald und das Haus im See widerspiegeln.
Doch das Spiegelbild trügt, denn es haben sich in ihm 14 Fehler eingeschlichen.
Findest du sie?

Winter

Vogelfutter

Futtermischung

Als Vogelfutter eignen sich Haferflocken, Sonnenblumenkerne, gemahlene Nüsse, Rosinen und Leinsamen. Auch Apfel- oder Birnenstücke kannst du den Vögeln geben. Streue das Futter draußen auf die Fensterbank, den Balkon oder die Terrasse an eine katzensichere Stelle.

Futterknödel

Erwärme in einem Topf etwa 100 Gramm Rindertalg, Margarine oder Bratfett bei mittlerer Temperatur. Gib zwei Esslöffel Haferflocken und je einen Esslöffel Sonnenblumenkerne und Leinsamen hinzu. Gut umrühren!
Fülle die Mischung in einen leeren Joghurtbecher. Wenn sie abgekühlt ist, drehst du den Joghurtbecher um und löst ihn vorsichtig ab. Das geht etwas leichter, wenn du den Becher kurz unter warmes Wasser hältst. Nimm ein Stück altes Zitronen- oder Apfelsinennetz und lege den Futterblock hinein. Jetzt wird das Netz oben zugebunden und draußen aufgehängt.

Für die Vögel, die auch im Winter hier leben, ist es in der kalten Jahreszeit oft nicht einfach, Futter zu finden.

Vogel-Fütterung

Die Vögel finden sich zum Fressen im Futterhäuschen ein.
Findest du hier 10 Unterschiede?

Basteln

Eislandschaft

Aus alten Styropor-Teilen kannst du eine wunderschöne Eislandschaft basteln. Du brauchst Styropor, einen alten Schuhkarton (ohne Deckel), Messer, Klebe und weiße Pappe. Und so wird's gemacht: Stelle den Karton so vor dich, dass die offene Seite zu dir zeigt. Schneide die obere lange Seite des Kartons weg. Schneide die Ecken der rechten und linken Seite ebenfalls weg. Den Rest des Kartons gestaltest du zu einer Schneelandschaft. Klebe Eisberge und Eisschollen aus Styropor in den Karton. Male einen Eisbär auf weiße Pappe, male unten noch ein zusätzliches Rechteck daran. Dann kannst du den Bären ausschneiden, das Rechteck nach hinten falten und es mit Klebstoff bestreichen. Auf diese Art kannst du noch viele Tiere in deine Landschaft kleben.

Käseschachtel mit Maus

Für diese Bastelei brauchst du ebenfalls einen alten Schuhkarton und zusätzlich einen alten Strumpf (am besten grau), Schere, Filzreste und Klebe. Schneide in eine kurze Seite des Schuhkartons ein Loch. Es muss groß genug sein, dass deine Hand hindurchpasst. Die andere kurze Seite des Kartons schneidest du ganz weg. Dann bemalst du die Schachtel wie einen Käse, also gelb mit dunkelgelben Kreisen. Fertig ist die Käseschachtel. Jetzt fehlt noch die Maus. Die Maus wird aus dem alten Strumpf gebastelt. Stecke deine Hand in den Strumpf und male kurz auf, wo die Ohren sitzen sollen. Klebe dann Augen, Ohren und Schnauze aus Filz auf den Strumpf. Schwarze Wollfäden oder Streifen aus Filz werden zu Schnurrhaaren. Jetzt kannst du die Maus über deine Hand streifen, die Hand in den Karton stecken und die Maus auf der anderen Seite durch das Loch krabbeln lassen.

Pinguin-Problem
Der kleine Pinguin hat ein Problem.
Seine Eisscholle ist abgetrieben, schnell will er wieder zu
seiner Gruppe. Doch er möchte nicht ins Wasser springen.
Findet er trotzdem einen Weg?

109

Basteln mit Kerzen

Beklebte Kerzen

Du brauchst einige weiße Haushaltskerzen oder dickere Adventskerzen und buntes Metallpapier. Schneide aus dem Metallpapier kleine Sterne, Monde, Streifen oder andere Formen aus – alles, was dir einfällt (Keksausstechformen eignen sich für solche Sachen immer gut als Schablone). Bestreiche die Rückseiten mit Klebstoff und klebe die Formen auf die Kerzen.

Schwimmkerzen

Fülle eine Glasschale mit Wasser. Nimm drei Teelichter (bunte Kerzen wirken besonders schön) aus ihren Aluminiumbehältern und setze sie vorsichtig aufs Wasser. Jetzt kannst du die Kerzen anzünden – sie schwimmen auf dem Wasser.
Achte darauf, dass keine Kerze mehr brennt, wenn du das Zimmer verlässt.

Sternen-Teelicht

Auf farbiges Tonpapier zeichnest du zwei gleich große Sterne und schneidest sie aus. Zeichne in die beiden Sterne jeweils noch einen kleineren Stern und schneide den inneren Stern aus, ohne den Rand zu durchtrennen. Klebe dann Transparentpapier dahinter. Schneide nun aus dem Tonpapier einen etwa 2,5 cm breiten und 14 cm langen Streifen aus, den du zusammenklebst, so dass ein Ring entsteht, der um ein Teelicht passt. Klebe zum Schluss die beiden Sterne so an den Ring, dass sie einander gegenüber liegen.

Bratäpfel

Hast du vielleicht Lust heute ein paar gute Freunde zum Bratapfel-Essen einzuladen?

Für vier Personen brauchst du vier Äpfel. Wasche sie gut und steche die Gehäuse mit einem Apfelausstecher aus. Fette dann eine flache, ofenfeste Form mit Butter ein und setze die Äpfel hinein.

Nun mischt du in einer Schüssel je 2 Esslöffel Rosinen, Haferflocken, Zucker und gehackte Mandeln. Mit einem Teelöffel füllst du die Mischung in die Äpfel. Zum Schluss kommt auf jeden Apfel noch ein Teelöffel Butter. Schiebe die Form in den Ofen und lasse die Äpfel bei 200 °C etwa 30 Minuten garen. Denke beim Rausholen daran, dass die Form heiß ist – also Topflappen benutzen – und danach nicht vergessen den Ofen auszuschalten. Guten Appetit!

Verkleiden

Bart-Maske
Willst du dich für ein Detektivspiel tarnen? Dann probiere es mal mit diesem Bart. Aus dünner Pappe schneidest du eine Bartform aus. Oben in die Form schneidest du ein längliches Loch für deinen Mund. Schneide braune Wollfäden von ungefähr 3 cm Länge zurecht und klebe sie an die Pappe. Du musst so viele Wollfäden ankleben, dass nichts mehr von der Pappe zu sehen ist.

Ritter-Maske
Auf weiße Pappe malst du ein Quadrat mit einer Seitenlänge von 20 cm. Oben an das Quadrat malst du noch ein flaches Dreieck, unten an das Quadrat kommt eine zusätzliche Rundung. Schneide die Form aus und male sie mit silberfarbener Wasserfarbe an. Schneide nun in Augenhöhe Streifen aus der Maske heraus. In Nasen- und Mundhöhe schneidest du kleine Formen aus der Pappe heraus. So entsteht ein Visier. Jetzt musst du noch je ein Loch in die linke und rechte Seite der Maske bohren, ein Gummiband durchziehen und die Enden mit Knoten sichern.

Mann mit Hut
Male das Gesicht eines Mannes auf dünne Pappe. Er soll einen Hut aufhaben. Das Bild muss so groß sein, dass es dein Gesicht bedeckt. Schneide die Form aus, schneide Löcher für die Augen und den Mund heraus.
Zum Schluss befestigst du noch ein Gummiband, indem du je ein Ende des Gummibandes durch ein Loch am Rand der Maske ziehst und es mit einem Knoten sicherst.

Einbrecher

Im Blumengeschäft wurde eingebrochen. Die Polizei hat 9 Tatverdächtige, von denen Fotos vorliegen. Wenn man jedoch die Zeugenaussagen aufmerksam liest, muss nur ein Mann weiter vernommen werden. Welcher?

1. Der Mann hatte blonde Haare.
2. Der Mann hatte einen Ohrring im rechten Ohr.
3. Der Mann hatte einen Seitenscheitel auf der linken Seite.
4. Der Mann hatte eine Narbe über der linken Augenbraue.
5. Der Mann hatte ganz glatte Haare.
6. Der Mann hatte sehr helle Augenbrauen.

Schnee-Baumeister
Was bauen die Kinder im Schnee?
Verbinde nur die geraden Zahlen.

Selbst gemachte Brettspiele

Gibt es bei euch im Keller, in der Garage oder auf dem Dachboden eine Holzplatte, die ihr haben dürft? Dann könnt ihr für wenig Geld ein schönes Brettspiel machen. Wer kein Holz hat, kann auch ein Stück Pappe nehmen.

Mühle
Auf die Rückseite der Holzplatte malt ihr das Muster eines Mühlespiels. Als Spielfiguren eignen sich Bettwäsche-Knöpfe, die mit Stoff überzogen sind. Die kann man dann in zwei verschiedenen Farben anmalen.

Mensch-ärgere-dich-nicht
Mit einem Geldstück als Schablone malt ihr mit Bleistift die Kreise vor, die man für das »Mensch-ärgere-dich-nicht-Spiel« braucht. Die Felder malt ihr mit Wasserfarben an, mit insgesamt fünf verschiedenen Farben. Als Spielfiguren nehmt ihr Korken, die ihr in den entsprechenden Farben anmalt.

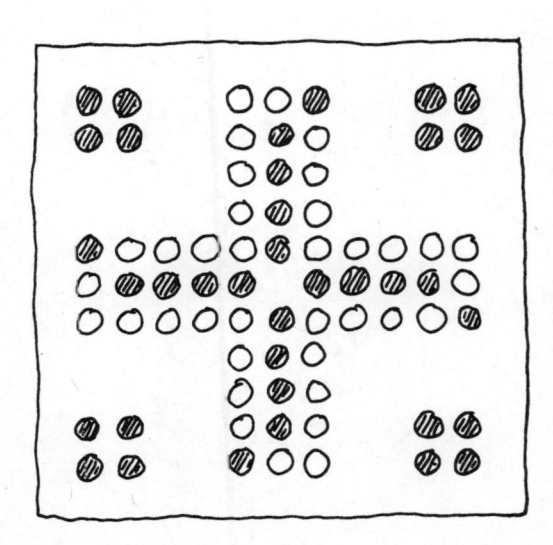

Wann können wir denn endlich spielen?

Warten auf Weihnachten

Damit dir die Zeit bis zum Weihnachtsfest nicht unendlich lang vorkommt, und damit du immer genau weißt, wie viele Tage noch vor dir liegen, kannst du ein Weihnachtswarteband oder eine Adventsuhr basteln.

Weihnachtswarteband

Du brauchst zwei Streifen Tonpapier, die 10 cm breit und 25 cm lang sind. Klebe die Streifen an den schmalen Enden zusammen. Wer einen Streifen von 48 cm Länge hat, kann sich die Kleberei ersparen. Unterteile das Band in 24 gleich große Felder (je 2 cm) und schreibe der Reihe nach bunte Zahlen von 1 bis 24 hinein. Angemalt sieht das Band besonders lustig aus. Jetzt brauchst du noch eine Wäscheklammer (am besten aus Holz), die du zum Beispiel mit einem Weihnachtsmann oder mit einem Tannenbaum aus Tonpapier bzw. angemalter Pappe beklebst. Hänge das Warteband an die Wand und rücke die Wäscheklammer jeden Morgen ein Feld weiter.

Adventsuhr

Zeichne einen Kreis mit einem Durchmesser von etwa 30 cm auf dünne Pappe. Schneide ihn aus und drücke mit einem spitzen Bleistift ein Loch durch die Mitte. Dann malst du den Kreis an. Wie wäre es mit dem Gesicht des Weihnachtsmannes oder eines Engels? An den Rand des Uhrengesichts schreibst du die Zahlen von 1 bis 24. Für den Zeiger schneidest du einen Streifen Tonpapier zu, etwa 2 cm breit und 10 cm lang. Ein Ende schneidest du spitz zu, durch das andere Ende drückst du ebenfalls ein Loch. Durch die beiden Löcher in Kreis und Zeiger steckst du nun eine Musterklammer. Fertig ist die Adventsuhr – jetzt kannst du den Zeiger jeden Morgen einen Tag vorrücken.

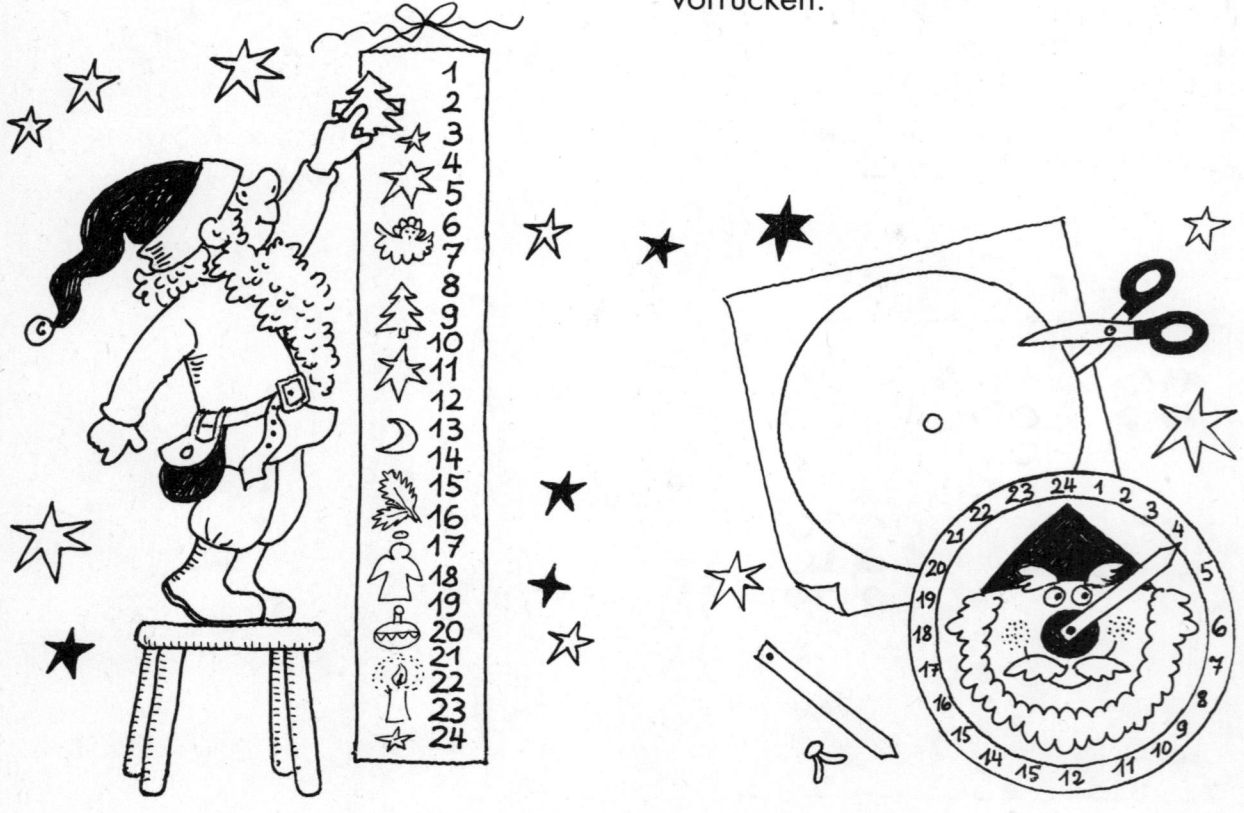

Adventskranz

Die vier Sonntage vor Weihnachten sind die Adventssonntage. Und zu denen gehört natürlich ein Adventskranz. Hast du Lust einen zu basteln? Du brauchst einen Ring aus Stroh oder Styropor (gibt's im Bastelgeschäft und in Kaufhäusern). Um ihn zu schmücken, schneidest du aus Krepppapier Streifen zu, die etwa 5 cm breit sind. Wickle die Streifen um den Ring und klebe die Enden mit Klebeband fest.

Du kannst den Ring auch mit Geschenkband oder mit Stoffbändern umwickeln. Oder du verkleidest ihn mit Tannenzweigen, die du mit einer Nylonschnur an den Ring bindest. Jetzt fehlen nur noch die Kerzenhalter: Die gibt es auch im Bastelgeschäft oder im Kaufhaus. Oder habt ihr noch welche vom letzten Jahr? An der Unterseite dieser Kerzenhalter befindet sich eine Art Nagel, den du einfach in den Kranz drückst.

Am 6. Dezember ist Nikolaus! Stellst du am Abend davor auch wieder einen Stiefel vor die Zimmertür? Wie wär's denn mal mit einem selbst gemachten Stiefel aus Filz?

Nikolausstiefel
Zeichne zuerst einen Stiefelumriss auf ein Blatt Papier. Schneide ihn aus – das ist deine Schablone. Lege sie auf den Filz und zeichne den Umriss nach. Wiederhole es und schneide dann beide Stiefelteile aus. Klebe sie zusammen, indem du entlang des Randes Klebstoff verteilst.
Die Stiefelöffnung oben darf natürlich nicht zusammengeklebt werden!

Wenn die Klebe getrocknet ist, kannst du den Stiefelrand nach außen umschlagen und den Stiefel mit andersfarbigem Filz, Stoffresten, Knöpfen oder mit Watte bekleben.
Fädle ein Stück Wollfaden durch eine Stopfnadel und zieh die Nadel am hinteren Teil des Stiefels durch den Filz. Jetzt kannst du den Stiefel an deine Türklinke hängen.

Übrigens: Ein solcher Filzstiefel ist auch eine lustige Geschenkverpackung. Damit das Geschenk nicht herausfällt, bindest du den Stiefel mit Geschenkband oder mit einer Kordel zu.

Schneemann
Die Reihenfolge der Bilder ist durcheinander geraten.
Wenn du sie in der richtigen Zeitfolge ordnest,
ergibt sich ein winterliches Lösungswort.

Wer ist der wahre Nikolaus?

Im Wartezimmer der Nikolaus-Agentur warten 9 Männer.
Die meisten sind Studenten, aber auch der echte Nikolaus wollte
sich hier mal umsehen und hat sich unter die Menge gemischt.
Wer ist der wahre Nikolaus?

1. Der wahre Nikolaus hat einen echten Bart.
2. Der wahre Nikolaus hat buschige Augenbrauen.
3. Der wahre Nikolaus trägt keinen Ohrring.
4. Der wahre Nikolaus hat eine große Nase.
5. Der wahre Nikolaus trägt keine Brille.
6. Der wahre Nikolaus hat Lachfalten.

Schneeflocken-Zwillinge
Zwei Schneeflocken gleichen sich ganz und gar.
Welche sind es?

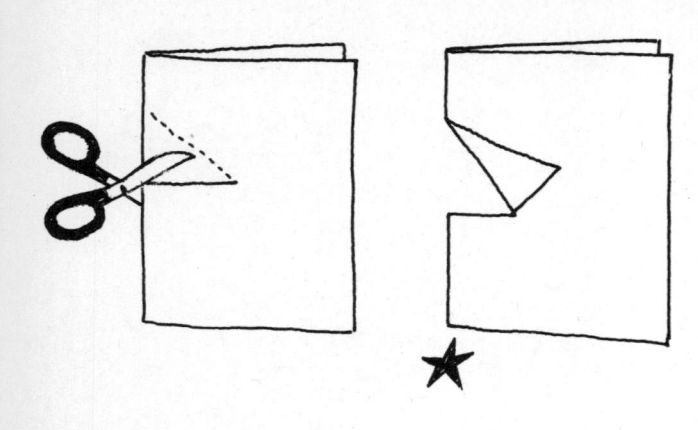

Möchtest du einmal selbst gemachte Weihnachtskarten verschicken? Hier findest du einen Vorschlag für witzige Pop-Up-Karten.

Pop-Up-Karte
Nimm ein weißes DIN-A5-Blatt und ein genauso großes Blatt Tonpapier. Die fertige Weihnachtskarte passt dann in einen ganz normalen Briefumschlag. Falte beide Blätter in der Mitte. Schneide dann einmal in den Falz des weißen Blattes, so wie es die Zeichnung zeigt. Mit dem Teil über dem Einschnitt faltest du ein Dreieck, das du ein paarmal hin- und herknickst. Dann drückst du das Dreieck vorsichtig nach innen. Wenn du das weiße Blatt jetzt auseinanderklappst, steht das Dreieck vor.

Nun kannst du das Blatt bemalen. Das vorstehende Dreieck kann die Mütze oder die Nase des Weihnachtsmannes sein. Oder auch eine Tüte, wenn du das Blatt umdrehst.
Vergiss dabei nicht Platz für deinen Weihnachtsgruß zu lassen. Zum Schluss klebst du dann das weiße Blatt in das gefaltete Tonpapier.

Wetten, dass ...

Mit den folgenden Wetten kannst du deine Freunde anschmieren.

Wetten, dass ich durch eine Postkarte steigen kann?

Wie kann man durch eine Postkarte steigen? Wenn man den Trick kennt, ist es gar nicht schwer. Du brauchst nur eine alte Postkarte und eine Schere: Zuerst schneidest du einen Schlitz in die Mitte der Postkarte. Den Rand darfst du dabei nicht durchtrennen. Dann faltest du die Karte in der Mitte, so dass der Schlitz an der oberen Kante liegt.
Jetzt schneidest du die Karte von unten mehrmals ein. Die Schnitte dürfen aber nicht bis ganz nach oben gehen.
Nun schneidest du die Karte von oben ein. Diese Schnitte liegen zwischen den bereits vorhandenen und gehen nicht bis ganz nach unten.
Zum Schluss musst du die Karte ganz vorsichtig entfalten. Es ist ein Ring entstanden, durch den du mühelos hindurchsteigen kannst.

Wetten, dass ich mit einer Nadel in einen Luftballon stechen kann, ohne dass er zerplatzt?

Unmöglich? Nein, es geht ganz einfach. Du brauchst nur ein Stückchen durchsichtigen Klebestreifen. Den klebst du vorher heimlich auf den Luftballon. Die Nadel stichst du genau in das Klebeband, und siehe da: Der Ballon zerplatzt nicht.

Wetten, dass du es nicht schaffst, mindestens fünf von zehn Karten in diesen Karton fallen zu lassen?

Gib einem Freund zehn Spielkarten in die Hand und stelle einen Karton auf den Fußboden. Nun soll er sich vor den Karton stellen und die Karten nacheinander in den Karton fallen lassen. Doch die meisten werden daneben landen, denn wohl jeder nimmt die Karten senkrecht zwischen Daumen und Zeigefinger und lässt sie fallen. Der Trick gelingt, wenn man die Karten waagerecht zwischen Daumen und Zeigefinger hält. Probiere es mal aus.

Bastelspaß

Schöne Bilderrahmen

Möchtest du ein Bild von dir verschenken? Es wird noch schöner, wenn du dafür einen Bilderrahmen bastelst. Du brauchst einen Bogen Tonpapier, Klebe, einen Locher, ein Band und lauter kleine Dinge zum Verzieren, zum Beispiel Perlen, Konfetti, Strohhalmstückchen oder Knöpfe.

Klebe dein Bild auf das Tonpapier. Das Tonpapier muss aber größer sein als dein Bild, nur dann entsteht ein Rahmen. Den Rahmen beklebst du nun mit lauter Kleinigkeiten. Sieh dich mal in deinem Zimmer um. Entdeckst du etwas Passendes? Du kannst zum Beispiel bunte Strohhalme zerschneiden und die Stückchen auf den Rahmen kleben. Oder du klebst kleine Perlen auf den Rahmen. Du kannst auch Muster aus bunten Papieren ausschneiden und ankleben.

Zum Schluss stanzt du mit dem Locher zwei Löcher an den oberen Rand. Dadurch ziehst du ein Stück Band, damit man das Bild aufhängen kann.

Fangbecher

Um einen Fangbecher zu basteln, brauchst du einen Pappbecher, eine Holzkugel (mit Loch), eine Schere und ein Stück feste Schnur. Die Schnur sollte ungefähr 45 cm lang sein. Fädle die Holzkugel auf die Schnur und mache einen oder mehrere Knoten in die Schnur, so dass die Kugel nicht mehr abfallen kann. Nun bohrst du ein Loch in den Becherboden und ziehst das andere Ende der Schnur hindurch. Dieses Ende sicherst du auch mit einem Knoten. Jetzt kannst du ein Geschicklichkeitsspiel probieren: Nimm den Becher in die Hand und bewege deinen Arm hin und her. Durch diese Bewegung kommt die Kugel in Schwung. Gib einmal ruckartig Schwung und versuche die hoch schnellende Kugel mit dem Becher zu fangen.

Lauter lustige Schachteln

Brauchst du ein paar Schachteln für lauter Kleinigkeiten, die immer rumliegen und doch nie zu finden sind, wenn man sie braucht? Dann sind diese Vorschläge genau richtig für dich.

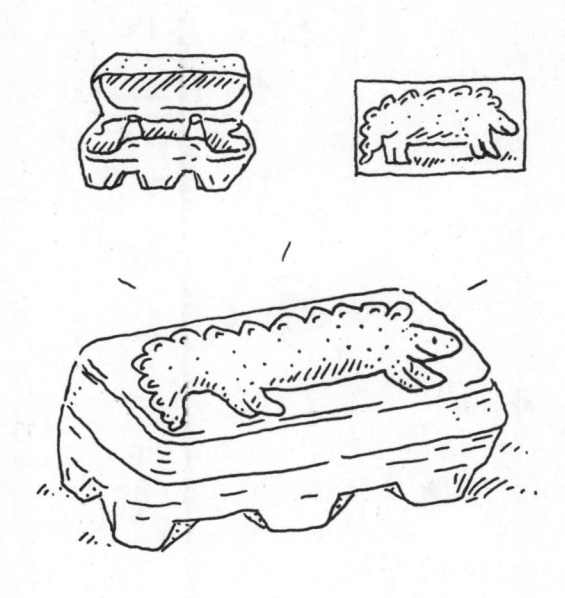

Eierkarton-Schachtel
Für diese Schachtel brauchst du einen alten Eierkarton, Tonpapier in vielen verschiedenen Farben, Schere und Klebe. Und so wird's gemacht: Auf das Tonpapier malst du ein Tier deiner Wahl, zum Beispiel einen Dinosaurier. Du kannst dem Tier dann noch einen Schwanz aus Wolle ankleben oder Perlen als Augen oder, oder, oder. Du wirst sicherlich etwas entdecken, was du gut dafür gebrauchen kannst, wenn du dich mal in deinem Zimmer umsiehst. Das fertige Tier schneidest du aus und klebst es auf den Deckel des Eierkartons. Fertig ist eine witzige Schachtel für Kleinigkeiten. Wer es ganz perfekt machen will, malt den Eierkarton noch mit Wasserfarbe in der passenden Tierfarbe an.

Glücksschachtel
Für diese Schachtel brauchst du die leere Pappe einer runden Käseschachtel. Benutze den Deckel der Schachtel als Schablone und male damit einen Kreis auf rotes Tonpapier. Den Kreis schneidest du aus und bemalst ihn wie einen Marienkäfer. Schneide aus schwarzem Papier Fühler und Beine aus und klebe sie unten am Kreis fest. Den fertigen Marienkäfer klebst du nun auf den Deckel der Käseschachtel. Den Rest der Schachtel malst du mit Wasserfarbe ebenfalls rot an.

Kleine Schweine-Schachtel
Vielleicht möchtest du jemandem ein Geschenk in dieser kleinen Glücksschwein-Schachtel überreichen? Du brauchst dazu eine leere Streichholzschachtel, einen rosafarbenen Knopf, weißes Papier, bunte Stifte und einen rosafarbenen Wollfaden. Benutze die innere Pappe der Streichholzschachtel als Schablone und male damit ein Rechteck auf das weiße Papier. In das Rechteck malst du nun ein Glücksschwein und zwar – das ist nicht ganz einfach – von vorne. Den Knopf klebst du als Schweineschnauze an. Dann schneidest du das Rechteck aus und klebst es auf die Hülle der Streichholzschachtel. Zum Schluss klebst du den Wollfaden als Ringelschwanz an.

Hast du schon einen Wunschzettel geschrieben? Hier sind zwei Ideen.

Wunschkette

Schneide aus farbigem Tonpapier rechteckige Karten aus (etwa 5 x 10 cm). Du brauchst so viele Karten, wie du Wünsche hast. Loche nun alle Karten an den breiten Seiten. Schreibe oder male deine Wünsche darauf. Dann verbindest du deine Wunschzettel mit bunten Bändern zu einer Kette.

Wunschrolle

Schreibe deine Wünsche auf ein Blatt Tonpapier. Du kannst das Blatt noch schmücken, bemalen oder den Rand in Zickzackform schneiden.
Dann bemalst oder beklebst du eine Klorollenpappe, rollst deinen Wunschzettel zusammen und schiebst ihn in die Papprolle.

Weihnachtswitze

Es ist kurz vor Weihnachten und die kleine Marianne möchte für ihre Eltern ein schönes Geschenk kaufen. Entschlossen schlachtet sie ihr Sparschwein. Sie zählt die Münzen – nur 76 Pfennige! »Mutti, Mutti!«, ruft sie aufgeregt. »Das Schweinchen hat ja gar nichts gespart!«

Wieder einmal muss der Vater eine Unterschrift unter die Fünf in Ullis Diktatheft setzen. »So kann das nicht weitergehen, Ulli. Streng dich doch bitte mehr an. Zu Weihnachten wünsche ich mir von dir ein besseres Zeugnis«, sagt der Vater. Daraufhin Ulli: »Das geht nicht, Papa. Ich hab schon Socken für dich gekauft.«

»Was soll ich bloß machen? Meine Eltern wollen mir zu Weihnachten einfach keinen Hund schenken!«, fragt Jörn verzweifelt seine Freundin Maren. Die antwortet: »Das ist ganz einfach. Du musst dir nur ganz doll ein Schwesterchen wünschen.«

Peter wünscht sich zu Weihnachten einen Papagei. Sein Vater geht in die Tierhandlung, um einen auszusuchen. »Kannst du sprechen?«, fragt er den Papagei. »Na klar!«, antwortet der. »Und du? Kannst du fliegen?«

Dörte hat zu Weihnachten ein neues Fahrrad bekommen. Stolz fährt sie damit die Straße entlang. Da kommt die Nachbarstochter und fragt: »Na, wie geht denn dein neues Fahrrad?« – »Das geht nicht, das fährt!«, antwortet Dörte. »Und wie fährt es?« korrigiert sich die Nachbarstochter. Daraufhin Dörte: »Es geht!«

Kurz vor Weihnachten betet Karla lautstark: »Lieber Gott, mach das ich einen neuen Schlitten zu Weihnachten bekomme.« Da stürzt die Mutter ins Zimmer. »Karla, schrei nicht so! Der liebe Gott ist doch nicht schwerhörig!« »Der nicht«, antwortet Karla, »aber der Opa!«

Ende Oktober kommt ein Mann in die Bäckerei und sagt: »Ich hätte gerne 40 Lebkuchen.« – »40 Stück?«, fragt die Verkäuferin nach. »Da werden ihnen doch bis zur Adventszeit die Hälfte hart!« – »Gut!«, antwortet der Mann. »Dann nehme ich eben 80!«

Weihnachten ohne Plätzchen – das gibt's nicht! Hier sind zwei leckere Rezepte für dich.

Streuselherzen

Gib 250 g Mehl, 80 g Speisestärke, 100 g Zucker, einen gestrichenen Teelöffel Backpulver, 180 g Margarine und ein Ei in eine Schüssel und knete alles gut durch. Lege das Backblech mit Backpapier aus. Bestäube die Arbeitsfläche mit etwas Mehl und rolle darauf den Teig mit einem Nudelholz aus. Mit einer herzförmigen Ausstechform stichst du nun Herzen aus. Lege die Teigherzen auf das Backblech und schiebe es in den Ofen. Bei 175 °C sind die Plätzchen nach etwa 10 Minuten goldbraun und fertig. Nimm das Backblech mit Topflappen heraus (vorsichtig – heiß!) und stelle den Ofen ab. Wenn die Plätzchen abgekühlt sind, löst du sie vorsichtig mit einem Messer ab. Dann verrührst du 125 g Puderzucker mit 2-3 Esslöffeln frisch gepresstem Zitronensaft. Streiche die Flüssigkeit mit einem Backpinsel auf die Herzen und bestreue sie mit Liebesperlen, Schokostreuseln oder gehackten Nüssen.

Schokokugeln mit hartem Kern

Gib 300 g Mehl, ein Päckchen Vanillezucker, einen Teelöffel Zimt, 100 g Zucker, 100 g Margarine, ein Ei, 2 Esslöffel Kakaopulver und 3-4 Esslöffel Milch in eine Schüssel und knete alles mit den Händen gut durch. Forme eine Kugel und stelle sie in der Schüssel eine Stunde lang in den Kühlschrank. Lege dann ein Backblech mit Backpapier aus.
Nun geht's ans Plätzchenherstellen: Forme aus dem gekühlten Teig walnussgroße Kugeln, in deren Mitte du je eine Haselnuss steckst.
Lege die Kugeln auf das Backblech und schiebe es in den Ofen. Die Kugeln werden bei 200 °C 20-25 Minuten lang gebacken. Sobald sie abgekühlt sind, kannst du sie essen! Aber nicht alle alleine aufmuffeln – Kekse sind ein tolles Geschenk!

Plätzchendose

Für die Streuselherzen und die Schokokugeln kannst du noch eine schöne Dose basteln. Plätzchen halten sich am längsten, wenn sie luftdicht verpackt sind. Frag deine Eltern, ob sie dir eine leere Blechdose mit Deckel geben können. Ein leeres Marmeladenglas eignet sich auch gut. Nun brauchst du einen Streifen Buntpapier oder Tonpapier. Der Streifen soll so lang sein, dass man ihn einmal um die Dose wickeln kann. Und er soll nicht breiter sein als die Dose hoch ist.
Falte den Streifen wie eine Ziehharmonika. Zeichne dann zum Beispiel einen Schneemann darauf, der so breit ist, dass sein Kugelbauch über die Seiten hinausgeht. Schneide nun alles weg, was nicht zum Schneemann gehört.

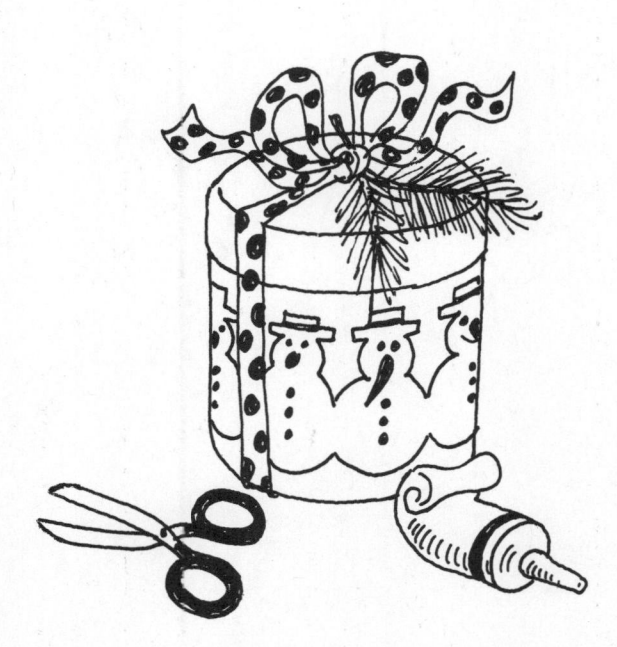

Zieh den Streifen auseinander und klebe die Schneemannkette um die Dose. Du kannst die Dose auch mit einem kleinen Tannenzweig schmücken. Das sieht schön aus und riecht gut! Jetzt hast du ein leckeres und schönes Weihnachtsgeschenk!

Kekse!
Patrick hat den ganzen Nachmittag Kekse gebacken.
Stolz bewundert er sein Werk. »Zwei sind gleich«, sagt Patrick.
»Dann kann ich einen davon ja gleich essen.«

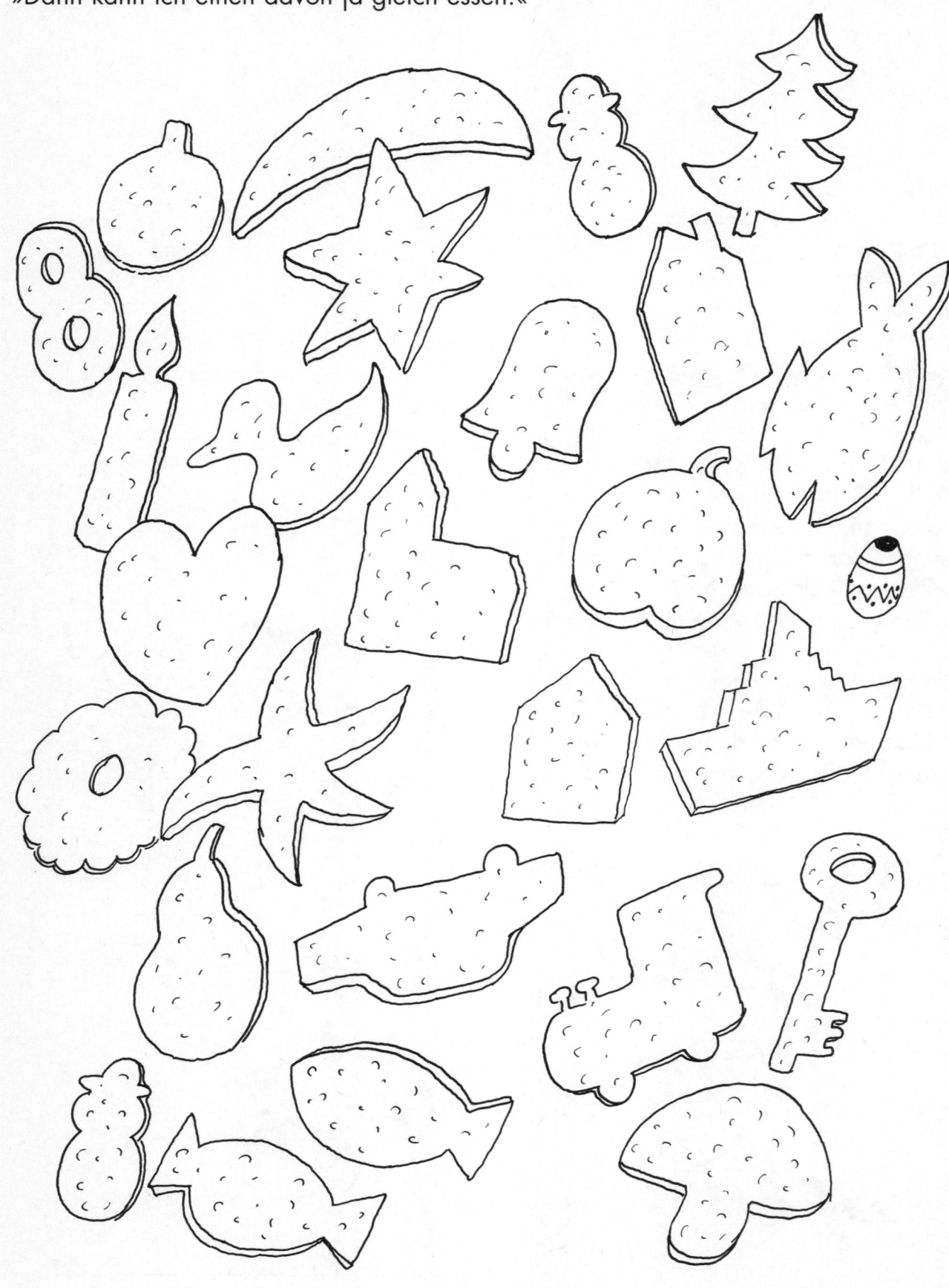

Rätsel

Spielzeug-Suche
In dieser Spielzeugkiste verstecken sich die folgenden Spielzeugwörter. Die Wörter können senkrecht (von oben nach unten) und waagerecht (von links nach rechts) in dem Wirrwarr stehen. Findest du alle?

Ball   Bauklotz   Murmel   Puppe
Puzzle   Roller   Teddy   Yo-Yo   Zug

P	U	P	P	E	B	R	C
B	E	U	D	J	M	O	V
A	W	Z	U	G	L	L	K
L	F	Z	G	I	Y	L	N
L	O	L	S	H	O	E	T
R	T	E	D	D	Y	R	U
B	A	U	K	L	O	T	Z
Q	P	M	U	R	M	E	L

Puzzlespiel
Claudia hat das Puzzle fast fertig. Welches Puzzleteil passt in die letzte Lücke?

Schilder-Durcheinander
Bei diesen drei Läden sind die Schilder durcheinander gekommen. In welcher Reihenfolge müssten die Buchstaben eigentlich stehen?

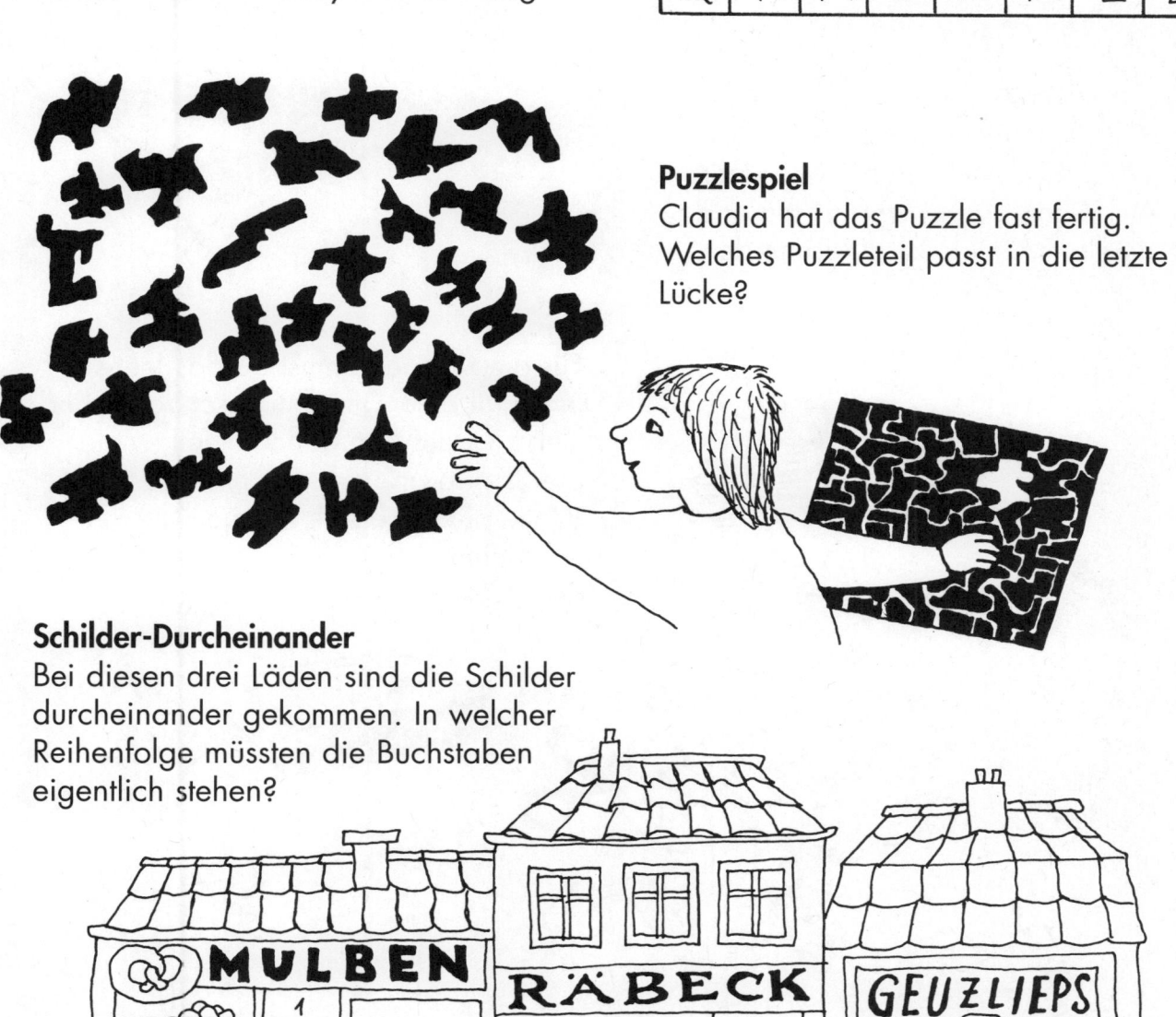

MULBEN   RÄBECK   GEUZLIEPS

Basteln

Eine Weihnachtskrippe unterm Tannenbaum sieht sehr schön aus.

Stall

Ein alter Schuhkarton eignet sich wunderbar für den Stall. Die eine der beiden langen Seiten wird der Fußboden, die andere das Dach. Wie wär's noch mit Fenstern? Einfach reinschneiden. Male den Karton mit Plakafarbe oder Tusche an – innen und auch außen. Sobald die Farbe trocken ist, kannst du das Dach decken: Bestreiche dazu die Dachseite mit Klebstoff und lege Strohhalme eng nebeneinander darauf. Sie können ruhig etwas überstehen. Wenn du ein wenig Heu oder Holzwolle hast, kannst du damit den Fußboden auslegen.

Krippe

Für die Krippe nimmst du das leere Innenteil einer Streichholzschachtel und klebst es auf den äußeren Teil. Male die Krippe an und lege ein bisschen Watte hinein. Bohre für die »Streichholzbeine« an jeder Ecke ein Loch in den Boden.

Figuren

Auf dünne Pappe malst du die Figuren, die zu deinem Krippenspiel gehören sollen: Maria, Josef, das Jesuskind, Engel, Hirten, die Heiligen Drei Könige, ein Ochse, ein Esel und ein Schaf. Damit die Figuren gut in den Stall passen, sollten sie nicht höher als 8 Zentimeter sein. Male alle Figuren bunt an und schneide sie dann aus. Jetzt müssen die Figuren noch stehen, dazu brauchst du pro Figur einen Halter. Schneide pro Halter einen Streifen (2 x 6 cm) aus dünner Pappe zu. Falte ihn einmal in der Mitte und wieder zurück. Du kannst jetzt die gefaltete Mittellinie erkennen. Falte beide Enden zur Mittellinie und wieder auseinander. Nun sind vier Felder entstanden. Die zwei mittleren bestreichst du mit Klebstoff und drückst sie aneinander. Die beiden äußeren Felder knickst du so ab, dass sie rechtwinklig zum Mittelteil stehen. Das ist die Bodenfläche. Bestreiche nun eine Seite des Mittelteils mit Klebstoff und drücke den Halter von hinten gegen eine Figur. Wenn der Klebstoff trocken ist, kannst du die Figur aufstellen.

Zu Weihnachten werden die Tannenbäume geschmückt – das wissen ja alle. Aber ob auch jeder einen selbst gemachten Weihnachtsbaumschmuck hat?

Ringkette

Für diese Kette brauchst du etwa 1 cm breite und 10 cm lange Streifen aus Buntpapier, Glanzpapier oder Metallpapier. Klebe die Enden eines Streifens zusammen, so dass ein Ring entsteht. Nimm den nächsten Streifen, lege ihn durch den ersten Ring und klebe die Enden wieder zusammen. Dann steckst du den dritten Streifen in den zweiten Ring. Das machst du weiter, bis die Kette lang genug ist.

Sonne mit Strohhalmen

Für diesen Weihnachtsschmuck brauchst du Strohhalme und Tonpapier. Schneide die Strohhalme in etwa 5 cm lange Stücke. Außerdem malst du auf das Tonpapier für jede Sonne zwei Kreise mit einem Durchmesser von 6 cm und schneidest sie aus. Bestreiche einen Kreis mit Klebe und lege die Strohhalmstücke sternenförmig darauf. Schneide einen Bindfaden von 25 cm Länge ab und lege beide Fadenenden auf den Klebstoff. Zum Schluss klebst du den zweiten Kreis auf den ersten – fertig ist die Sonne.

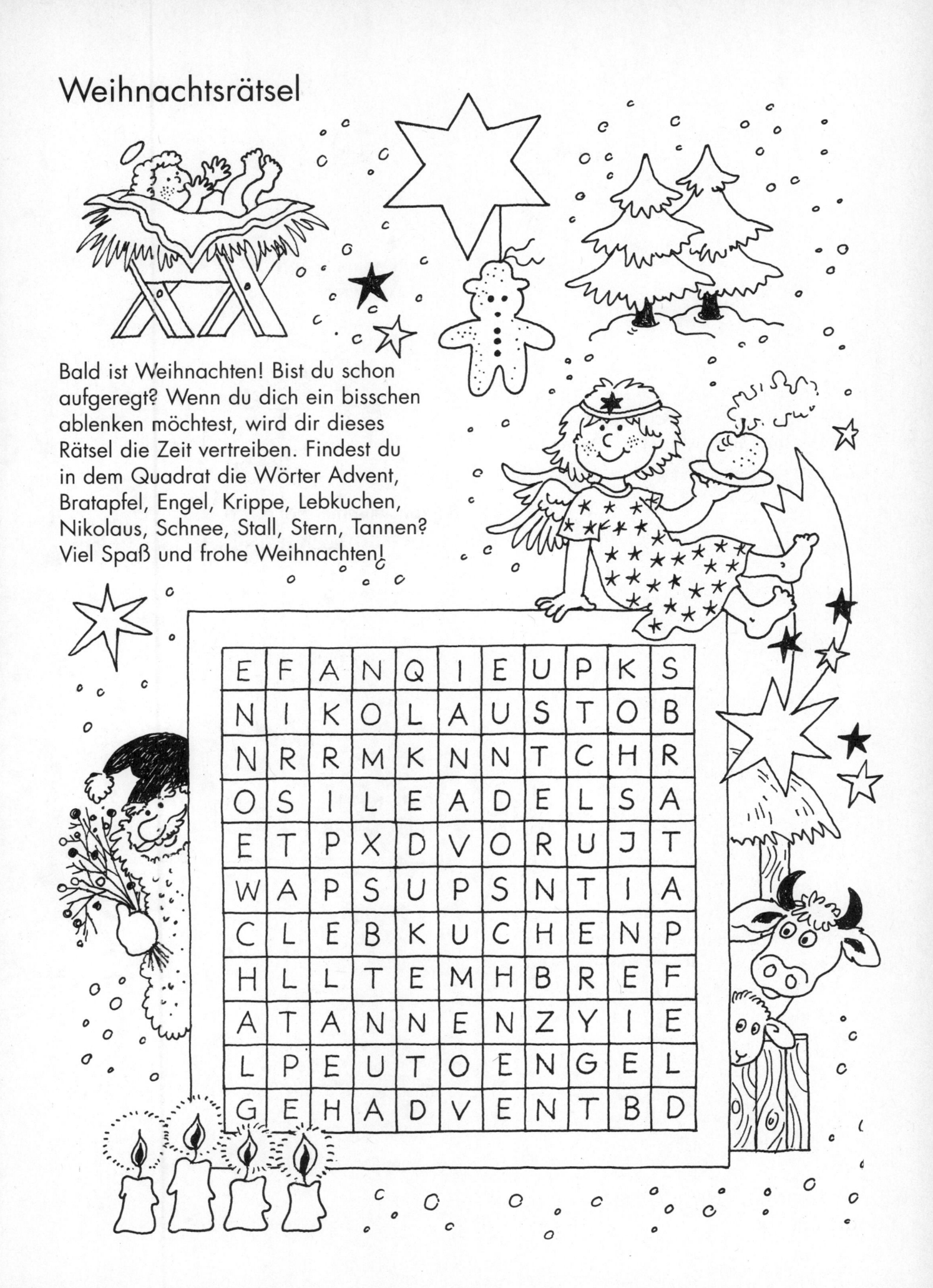

Weihnachtsrätsel

Bald ist Weihnachten! Bist du schon aufgeregt? Wenn du dich ein bisschen ablenken möchtest, wird dir dieses Rätsel die Zeit vertreiben. Findest du in dem Quadrat die Wörter Advent, Bratapfel, Engel, Krippe, Lebkuchen, Nikolaus, Schnee, Stall, Stern, Tannen? Viel Spaß und frohe Weihnachten!

E	F	A	N	Q	I	E	U	P	K	S
N	I	K	O	L	A	U	S	T	O	B
N	R	R	M	K	N	N	T	C	H	R
O	S	I	L	E	A	D	E	L	S	A
E	T	P	X	D	V	O	R	U	J	T
W	A	P	S	U	P	S	N	T	I	A
C	L	E	B	K	U	C	H	E	N	P
H	L	L	T	E	M	H	B	R	E	F
A	T	A	N	N	E	N	Z	Y	I	E
L	P	E	U	T	O	E	N	G	E	L
G	E	H	A	D	V	E	N	T	B	D

Falsch gesungen
Wie müssen die Weihnachtslieder eigentlich heißen?

1. Advent, Advent,
   ein Englein pennt.

2. Schneeflöckchen, weiß Röckchen,
   wann wirst du gescheit?

3. Leise rieselt der Schnee,
   still und starr auf den Klee.

4. Vom Himmel hoch, da komm ich her,
   ich muss euch sagen, der Sack ist leer.

5. Ihr Kinderlein kommet,
   o kommet doch all,
   zur Krippe herkommet,
   da kriegt ihr 'nen Knall.

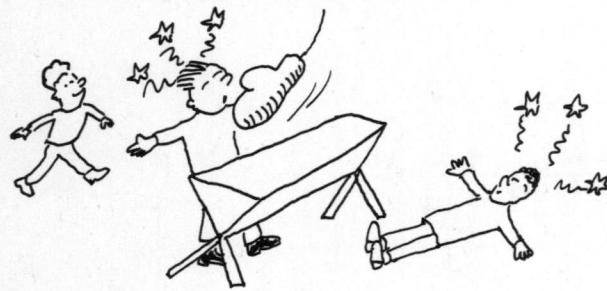

6. Stille Nacht, heilige Nacht!
   Alles schläft, nur einer lacht.

7. O Tannenbaum, o Tannenbaum
   wie übel ist das Wetter.

8. Morgen, Kinder, wird's was geben,
   morgen fällt die Schule aus.

Heiligabend

Diese Fotos zeigen Heiligabend bei Familie Meißner.
Wenn du sie in der richtigen Zeitfolge ordnest,
ergibt sich ein Lösungswort.

| 1 | 2 | 3 | 4 | 5 | 6 |

Stimmabgabe

Seit zehn Jahren gibt es bei Familie Bade am Weihnachtstag immer Gans mit Rotkohl zum Mittag und Kuchen zum Nachtisch. In diesem Jahr soll es mal etwas Neues geben. Jeder in der Familie darf einen Stimmzettel abgeben – mit jeweils einem Wunsch zum Hauptgericht und zum Nachtisch.
Wer wünscht sich was? Wenn du die Informationen kombinierst, kannst du den kniffligen Fall lösen.

1. Hans wählt zum Nachtisch Vanilleeis.
2. Maike weiß, dass jemand für Schokoladenpudding stimmt, doch sie wünscht sich etwas Anderes.
3. Utas Hauptgericht steht fest: Kartoffelsalat mit Würstchen.
4. Ein männliches Familienmitglied wünscht sich nach wie vor Gans mit Rotkohl.
5. Jemand wählt als Hauptgericht Pfannkuchen.
6. Thorsten schreibt nicht »Wackelpudding« auf seinen Stimmzettel.
7. Vanilleeis und Birnen, Bohnen & Speck stehen auf einem Stimmzettel.
8. Kartoffelsalat und Bratäpfel werden nicht von der gleichen Person gewählt.
9. Schokoladenpudding und Kartoffelsalat gehören nicht zusammen.

Rentierrätsel
Nach getaner Arbeit macht der Weihnachtsmann
zwei Fotos von seinen 4 Rentieren.
Findest du die 10 Unterschiede der Fotos?

Am Rodelberg
Findest du Pia?
Pia hat zwei Zöpfe, einen karierten Schal und Handschuhe mit Punkten.

Guten Rutsch!
Wer kommt denn da den Berg runtergesaust?
Verbinde die Punkte von Zahl zu Zahl.

141

Rätsel und Spiele für jede Jahreszeit

»Vor den Ziegen brauchst du keine Angst zu haben«, sagt Anna zu Paul. »Die sind zahm und außerdem sind alle festgebunden.« Paul ist noch nicht ganz überzeugt, denn er sieht, dass eine Ziege frei umherläuft. Welche?

Fragen über Fragen

1. Was kann alle Sprachen sprechen, obwohl es keinen Mund hat?

2. Es gibt einen Pass, der in allen Ländern gilt. Welcher?

3. Welcher Zug ist aus Stoff?

4. Wie kann das passieren? Helmut stand auf einer 15 Meter langen Leiter und fiel herab. Doch er tat sich nicht weh.

5. Was ist das?

6. Sie riecht und manchmal läuft sie?

7. Was kommt heraus, wenn man ein Schwein mit einem Briefkasten kreuzt?

8. Welcher Baum hat weder Wurzeln noch Blätter?

9. Was ist das?

10. Welcher Ring lebt im Wasser?

Die Kinder wollten ihren neuen Lehrer ärgern und haben die Buchstaben auf ihren Namensschildern durcheinander gebracht.
Doch der bekommt trotzdem heraus, wie die acht Kinder heißen. Du auch?

1. BIESAN
2. OMAKIN
3. HASMOT
4. REDASAN
5. STAABIN
6. ULARCOD
7. NENGIHN
8. RITAMAN

Was entsteht, wenn du die Punkte von A – Z verbindest?

Thorsten und Hans haben ihre Rucksäcke gepackt und gleich kann die Reise beginnen. Beide wollten die gleichen Dinge einpacken. Doch Thorsten hat zwei Teile vergessen. Welche?

147

Hier heißt es kombinieren.
Du kannst herausfinden, welches Kind welchen Hund hat und wie er heißt.

1. Sabine hat einen Boxer.
2. Annas Hund heißt Edgar.
3. Mr. Boots ist ein Irischer Setter.
4. Nellie ist kein Rauhaardackel und kein Mops.
5. Okkas Hund heißt Cäsar.
6. Cäsar ist kein Mops.
7. Ein Kind heißt Martina.

Hier verstecken sich 16 Bauernhof-Wörter.
Sie können vorwärts oder rückwärts im Gitter stehen.
Findest du alle?

1. Ernte
2. Getreide
3. Hahn
4. Henne
5. Heuboden
6. Hund
7. Katze
8. Koppel
9. Kuh
10. Maehdrescher
11. Pferd
12. Scheune
13. Schwein
14. Stall
15. Traktor
16. Weide

D	R	Q	G	E	T	R	E	I	D	E	P
S	O	G	H	D	H	A	H	N	F	E	F
T	T	F	L	N	U	P	W	W	J	N	E
A	K	H	E	U	B	O	D	E	N	N	R
L	A	L	S	H	N	R	P	I	S	E	D
L	R	K	O	P	P	E	L	D	F	H	M
H	T	A	N	T	S	C	H	E	U	N	E
U	P	T	L	A	N	I	E	W	H	C	S
K	I	Z	N	L	E	R	N	T	E	S	K
M	A	E	H	D	R	E	S	C	H	E	R

Katharina sitzt in ihrem Zimmer und ist gerade dabei, einen Brief an ihre Ponyhof-Freundin zu schreiben, als es an der Haustür klingelt. Wer kann das sein? Katharina erwartet niemanden. Als Katharina die Tür öffnet, ist niemand da. »Mal wieder ein Klingelstreich«, murmelt sie, geht in die Küche, um ein Glas Milch zu trinken, und will dann ihren Brief weiterschreiben. Doch als sie in ihr Zimmer zurückkommt, stutzt sie.
Hier war doch jemand!
Woran merkt Katharina, dass jemand in ihrem Zimmer war, und was wurde aus ihrem Zimmer weggenommen?

Gerade hat Birgit in der Zeitung gelesen, dass ein seltsames Tier entdeckt wurde, als ihr Blick aus dem Fenster fällt.
Da steht es! Wie sieht es aus?

151

Wenn du die Bilder in die richtige Reihenfolge bringst, ergibt sich ein Lösungswort.

Wort-Spiele für die Autofahrt

Kofferpacken
Für dieses Spiel muss man mindestens zu zweit sein. Einer fängt an und nennt einen Gegenstand, den er in den Koffer packt: »Ich packe in meinen Koffer ein Hemd.« Der nächste Mitspieler muss einen zusätzlichen Gegenstand nennen, aber vorher alle genannten Kofferinhalte mitsagen: »Ich packe in meinen Koffer ein Hemd und ein T-Shirt.«
In den ersten Runden ist das noch einigermaßen einfach, aber dann wird's knifflig – und lustig.

Reise-ABC
Bringt es dir Spaß, während der Autofahrt aus dem Fenster zu schauen? Das kannst du mit einem Spiel verbinden. Dieses Spiel bringt zu zweit mehr Spaß, man kann es aber auch alleine spielen. Am Anfang versucht man etwas zu entdecken, was mit dem Buchstaben A beginnt, zum Beispiel einen Angler, ein Auto oder eine Antenne.
Dann ist der Nächste dran und sucht etwas mit B. So geht es das ganze Alphabet entlang.

Quatschgeschichten
Gemeinsam könnt ihr Geschichten erfinden, die unmöglich sind. So wie diese alte Quatschgeschichte:

Dunkel war's, der Mond schien helle,
schneebedeckt die grüne Flur,
als ein Wagen blitzeschnelle
langsam um die Ecke fuhr.
Drinnen saßen stehend Leute
schweigend ins Gespräch vertieft,
während ein geschoss'ner Hase
auf der Wiese Schlittschuh lief.

Ja – nein – schwarz – weiß

Dieses Spiel spielt man zu zweit. Einer stellt Fragen, der andere antwortet, darf dabei aber nicht die Wörter »ja, nein, schwarz, weiß« benutzen.
Der Fragende versucht natürlich, den anderen hinters Licht zu führen, zum Beispiel mit der Frage: »Welche Farbe hat Schnee?«
Fällt eines der Tabu-Wörter, wechselt ihr die Rollen.

Zungenbrecher

Mit Zungenbrechern kann man sich wunderbar die Zeit vertreiben.
Versucht einmal die folgenden Sätze schnell hintereinander zu sprechen:

Sechsundsechzig
sächsische Schneeschaufler.

Der Kottbuser Postkutscher
putzt den Kottbuser
Postkutschenkasten.

Metzger wetz
dein Metzgermesser.

Der dicke Dietrich trug den
dünnen Dietmar durch das
dreckige Dorf Dünnfuß.

Klitzekleine Kinder können
keinen Kirschkern knacken.

Es lagen zwei zischende Schlangen
zwischen zwei spitzen Steinen
und zischten dazwischen.

Zwischen zwei Zwetschgenbäumen
zwitschern zwei geschwätzige Spatzen.

Autoverkäufer Anton Anders aus Aachen

Auch für dieses Spiel sollte man mindestens zu zweit sein.
Der Erste beginnt mit dem Buchstaben A und stellt eine Person vor, deren Beruf, Vor- und Nachname sowie Wohnort mit A beginnt:
Autoverkäufer Anton Anders aus Aachen.
Weiter geht's dann mit dem B: Biolehrer Bernd Bleifuß aus Berlin, bis ihr beim Z landet.

Cordula hat noch fünf Puzzle-Teile einzufügen, dann ist sie endlich fertig. »Mist«, schimpft sie. »Ein Puzzle-Teil fehlt!« Welches Teil fehlt und wie müsste es aussehen? Male es auf.

»Für die Mathearbeit morgen brauche ich viel Glück«, sagt Doris und beginnt ein vierblättriges Kleeblatt zu suchen. Hilfst du ihr?

Lach mit

Erich kommt mit seiner Schultüte vom ersten Schultag zurück. »Na, wie war's?«, fragt die Oma. »Och, ganz gut eigentlich. Aber morgen muss ich noch mal hin. Wir sind noch nicht ganz fertig geworden.«

Der Richter sagt zum Angeklagten: »Sie können wählen zwischen fünf Tagen Gefängnis oder fünfhundert Mark.« »Oh, wenn Sie so fragen, dann nehme ich das Geld.«

Im Einbruchdezernat klingelt das Telefon. »Hier bei Schäfer«, meldet sich eine Stimme. »Bitte kommen Sie so schnell wie möglich. Bei uns ist ein Kater in die Wohnung eingedrungen.« »Sie rufen wegen einer Katze bei uns an? Wer spricht denn da?« »Ich bin der Papagei von Schäfers.«

»Na, wie war's heute in der Schule?«, fragt der Vater abends beim Essen. »Toll, ich kann etwas, was meine Lehrerin nicht kann«, erzählt Max stolz. »Sehr schön! Was denn?« – »Meine Handschrift lesen.«

Am ersten Schultag fragt der Lehrer die kleine Kristiane: »Na, kennst du schon das ABC?« – »Klar, schon bis hundert.«

Ein Mann kommt zum Psychiater und erzählt: »Ich kann in die Zukunft sehen.« Der Arzt fragt zurück: »Seit wann wissen Sie, dass Sie diese Gabe haben?« - »Seit nächstem Sonntag.«

Drei Männer stehen vor Gericht. Der Richter wendet sich an den Ersten: »Was haben Sie gemacht?« – »Ich habe den Stein in den Fluss geworfen.« – »Das macht nichts, Sie sind frei.« Dann fragt er den Zweiten: »Und was haben Sie gemacht?« – »Ich habe geholfen, den Stein in den Fluss zu werfen.« – »Dann sind Sie auch frei«, sagt der Richter und wendet sich an den Dritten. »Und Sie? Was wollen Sie hier?« – »Ich bin Peter Stein.«

Lösungen

4:
Iglu, Tannenbaum, Schneemann, Weihnachtsmann, Schlitten, Schlittschuhe.

5:
Es ist der Schmetterling links unten.

8:
Die versteckten Tiere sind – **waagerecht:** Salamander, Gans, Eule, Zebra, Laus, Kamel, Ente, Pfau, Hund; **senkrecht:** Schnecke, Adler, Hai, Katze, Esel, Maus, Uhu, Hase, Delphin, Elefant, Reh, Affe.
Der Wegweiser im Kaufhaus deutet zu den Abteilungen: Spielzeug, Bücher, Musik und Mode.

9:
Es verstecken sich 9 Vögel im Bild. Folgendermaßen müssen die Bilder geordnet sein: 2, 5, 1, 4, 6, 3.

12:
Das Lösungswort lautet OSTERN.

18:
Der Osterhase hat 10 Eier und 2 Osterhasen mitgebracht.

19:
Das Ei links neben dem Marienkäferei und das zweite Ei von rechts unten sind die Doppelgänger.

31:
In dieser Reihenfolge verstecken sich die Begriffe – **waagerecht:** Manege, Zirkuszelt, Dompteur, Popcorn; **senkrecht:** Publikum, Loewe, Salto, Elefant, Artist, Clown; **diagonal von rechts oben nach links unten:** Seil, Akrobat, Zylinder, Pferde.

36:
Der mittlere Hase kommt an die Karotte.

38:
Folgende Dinge sind auf dem rechten Bild anders: 1. Es fehlt der Schmetterling. 2. Die Spitze des Sonnenschirms fehlt. 3. Der Mond fehlt. 4. Der Mund auf dem T-Shirt lacht nicht. 5. Die Lokomotive hat ein weißes Rad. 6. Der Blume fehlt ein Blatt. 7. Das Muster der Vase ist anders. 8. Das T-Shirt vom Teddy hat einen Streifen weniger. 9. Ein Stiefel fehlt. 10. Die Querstrebe vom Stuhl fehlt. 11. Hinter der Stuhllehne ist ein Schatten.
Drudel: 1. Ein Bär klettert einen Baum hoch. 2. Ein Elefant beim Rückenschwimmen. 3. Eine Giraffe geht am Fenster vorbei 4. Eine Schlange geht über den Zebrastreifen 5. Ein Igel verliebt sich in ein Nadelkissen.

41:
Lampenschirm, Kamel, Hase mit Hose, Junge mit Pudelmütze und Schal auf dem Sprungbrett, Fisch und Osterei im Schwimmbecken, Teekanne am Beckenrand, Maus mit Sonnenschirm, Mann mit Schlittschuhen, Kuh im Schwimmreifen, Mond am Himmel.

46:
Im Bild verstecken sich 6 Vögel. Der zweite Maulwurf von links erreicht den Apfel.

59:
Sie fahren diesen Weg:

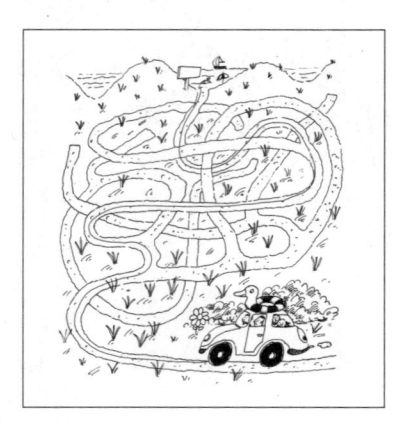

62:
Es sind 10 Schlangen.

65:
Das Lösungswort lautet URLAUB.

70:
Diesen Weg muss Florian gehen:

72:
Es ist das zweite Blatt von rechts in der zweiten Reihe von unten.

75:
In der linken Sprechblase steht: Schwein. Und was heißt das: 1. Du hast es verstanden. 2. Achtung geheim. Nicht weitersagen.
In der rechten Sprechblase steht: Du wir werden beobachtet! Da sitzt ein Kind vor diesem Buch!

76:
1. Bratkartoffeln 2. Tomatensuppe 3. Spaghetti 4. Schnitzel 5. Currywurst 6. Pfannkuchen.

79:
Diese Dinge haben sich verändert:

81:
Das Lösungswort lautet BUCH.

84:
In dieser Reihenfolge verstecken sich die Tiere – **waagerecht:** Tiger, Gepard, Elster, Affe, Katze, Dachs; **senkrecht:** Pferd, Igel, Ratte, Reh.
Die Wörter kann man sowohl vorwärts als auch rückwärts lesen.
Die vier Leute sind Herr Schneider, Herr Frisör, Frau Lehrerin und Herr Maler.
Die falschen Begriffe sind: Sabine (einziger Mädchenname), Gurke (einzige Gemüsesorte) München (keine Hauptstadt), Biene (kein Vogel).

85:
Die Kinder heißen Birgit, Thomas, Lisa, Klaus, Doris, Jochen.
Der Kessel ohne Wasser versteckt sich in der vorletzten Zeile als zweites Wort. Silke muss von ihr aus gesehen das linke volle Glas nehmen und den Inhalt in das zweite Glas von rechts gießen.

100/101:
Es verstecken sich 9 Gespenster und 6 Fledermäuse im Bild.
Max versteckt sich hinter dem Sarg links im Bild. Oskar versteckt sich rechts unten hinter einer Tür. Wiebke versteckt sich hinter der Kiste am Türbogen. Anke versteckt sich hinter dem Schrank.

104:
Hier sind die Fehler:

107:
Hier sind die 10 Unterschiede:
1. Oben rechts im Bild fehlt ein Vogel.
2. Der Vogel auf dem Häuschen hat etwas im Schnabel. 3. Das Vogelhäuschen hat ein zusätzliches Fenster.
4. Am Meisenknödel hängt ein Vogel mehr. 5. Der Baumstamm hat einen abgesägten Aststumpf. 6. Links unten schwebt eine Feder. 7./8. Der Fuß des Vogelhäuschens hat links eine Verstrebung mehr und auf der rechten Seite ist er schneebedeckt. 9. Über der Katze ist eine Erdnuss. 10. Die Katze hat einen Streifen mehr.

109:
Diesen Weg muss der kleine Pinguin nehmen:

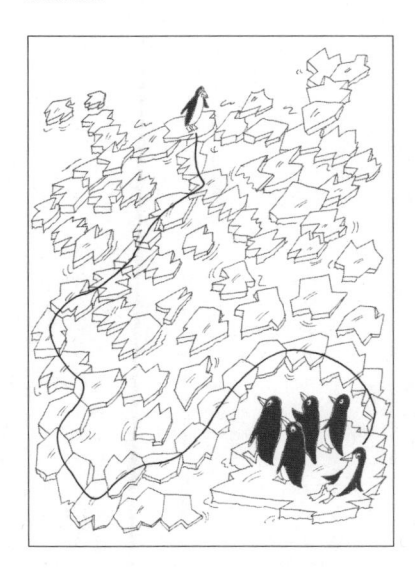

113:
Es war der Mann Nr. 7.

119:
Das Lösungswort lautet NIKOLAUS.

120:
Der wahre Nikolaus sitzt in der Mitte neben dem Mann mit der viereckigen Brille.

121:
Die Schneeflocken unten rechts und die dritte in der dritten Reihe von oben sind gleich.

130:
Den Schneemann gibt es doppelt, ganz oben neben der Tanne und unten links.

131:
In dieser Reihenfolge verstecken sich die Spielzeuge – **waagerecht:** Puppe, Zug, Teddy, Bauklotz, Murmel; **senkrecht:** Ball, Puzzle, Yo-Yo, Roller.

Dieses Puzzleteil passt:

Auf den Geschäftsschildern steht eigentlich Blumen, Bäcker, Spielzeug.

135:
In dieser Reihenfolge verstecken sich die Weihnachtswörter – **waagerecht:** Nikolaus, Lebkuchen, Tannen, Engel, Advent; **senkrecht:** Stall, Krippe, Schnee, Stern, Bratapfel.

136:
1. Advent, Advent, ein Lichtlein brennt.
2. Schneeflöckchen, weiß Röckchen, wann kommst du geschneit? 3. Leise rieselt der Schnee, still und starr ruht der See. 4. Vom Himmel hoch, da komm ich her, ich bring euch gute neue Mär.
5. Ihr Kinderlein kommet, o kommet doch all, zur Krippe herkommet in Bethlehems Stall. 6. Stille Nacht, heilige Nacht. Alles schläft, einsam wacht.
7. O Tannenbaum, o Tannenbaum, wie grün sind deine Blätter. 8. Morgen, Kinder, wird's was geben, morgen werdet ihr euch freun.

137:
Das Lösungswort lautet WUNSCH.

138:
Hans wünscht sich Birnen, Bohnen & Speck, zum Nachtisch Vanilleeis.
Uta möchte Kartoffelsalat mit Würstchen und später Wackelpudding.
Thorsten möchte nach wie vor Gans mit Rotkohl, zum Nachtisch wünscht er sich Schokoladenpudding.
Maike möchte Pfannkuchen und später Bratäpfel essen.

139:
Hier sind die 10 Unterschiede: Der Schwanz des hinteren linken Rentiers ist anders, es hat außerdem die Augen geschlossen und kein Futter mehr im Maul. Das vordere Rentier hat das Ohr nach vorne und das Maul zu. Das zweite Rentier von rechts hat Futter im Maul, das Rentier daneben streckt die Zunge raus, hat einen Haufen gemacht und winkelt ein Bein an.

140:
Pia ist von denen, die auf dem Bauch rodeln, am weitesten links.

143:
Die Ziege mit der Blume im Maul läuft frei herum.

144:
1. das Echo 2. der Kompass
3. der Anzug 4. Helmut stand auf der ersten Sprosse 5. ein Hosenträger
6. die Nase 7. ein Sparschwein
8. der Purzelbaum 9. ein Kugelschreiber
10. der Hering

145:
1. Sabine 2. Monika 3. Thomas
4. Andreas 5. Bastian 6. Cordula
7. Henning 8. Martina

147:
Thorsten hat die Sonnenbrille und die Gabel vergessen.

148:
Sabine hat einen Boxer names Nellie. Martina hat einen Irischen Setter names Mr. Boots. Okka hat einen Rauhaardackel namens Cäsar. Anna hat einen Mops namens Edgar.

149:
Hier sind die versteckten Bauernhof-Wörter:

150:
Katharina sieht, dass das Fenster offen steht. Durch den Luftzug ist ihr Brief vom Schreibtisch gefallen. Es fehlt ein Reitstiefel.

152:
Das Lösungswort heißt ZAUBER.

155:
Das fehlende Puzzle-Teil sieht so aus:

156:
Das vierblättrige Kleeblatt ist das dritte oberhalb des Regenwurms.

Quellennachweis

Die Beiträge stammen aus den Büchern:

Achim Ahlgrimm / Ulrike Teiwes-Verstappen:
Tüten und Trompeten
© Carlsen Verlag GmbH, Hamburg
1995
Seiten 12, 13, 19, 20, 21, 32

Eva Bobzin / Bernd Bunzel:
Das Spiel-Spaß-Bastel- und Rätselbuch für 6jährige
© Carlsen Verlag GmbH, Hamburg
1994
Seiten 6, 7, 8, 9, 11, 14, 15, 17, 18, 19, 21, 22, 24, 25, 27

Eva Bobzin / Bernd Bunzel:
Heute bin ich ein Pirat
© Carlsen Verlag GmbH, Hamburg
1995
Seiten 4, 5, 6, 7, 10, 11, 16, 17, 20, 24

Eva Bobzin / Konrad Golz:
Heute bin ich ein Ritter
© Carlsen Verlag GmbH, Hamburg
1995
Seiten 4, 5, 6, 8, 9, 14, 15, 18, 19, 28, 29

Eva Bobzin / Hiky Helmantel:
Das große Rücksitz-Reise-Buch
© Carlsen Verlag GmbH, Hamburg
1997
Seiten 4-19, 22, 35, 45, 60, 61, 75, 88, 116, 125, 127, 129, 143

Eva Bobzin / Hiky Helmantel:
Das große Winter-Rätsel-Spiele-Buch
© Carlsen Verlag GmbH, Hamburg
1997
Seiten 13, 19, 25, 27, 41, 49, 69, 75, 82, 93, 109, 110, 127, 155

Eva Bobzin / Andreas Röckener:
Das Spiel-Spaß-Bastel- und Rätselbuch für 7jährige
© Carlsen Verlag GmbH, Hamburg
1994
Seiten 7, 11, 12, 13, 15, 16, 17, 20, 21, 25, 27, 29, 30

Eva Bobzin / Birgit Thoenes:
Das Spiel-Spaß-Bastel- und Rätselbuch für 8jährige
© Carlsen Verlag GmbH, Hamburg
1994
Seiten 6, 7, 8, 9, 11, 13, 15, 16, 17, 19, 21, 22, 27, 31

Eva Bobzin / Eva Wenzel-Bürger:
Wann sind die Spaghetti gut?
© Carlsen Verlag GmbH, Hamburg
1993
Seiten 8, 9, 19, 20, 22, 25, 28

Isabelle Dickert / Eva Wenzel-Bürger:
Auf die Plätzchen, fertig, los!
© Carlsen Verlag GmbH, Hamburg
1994
Seiten 2, 3, 4, 5, 8, 9, 12, 13, 14, 18, 20, 21, 22, 24

Trotz intensiver Recherchen war es nicht in allen Fällen möglich, die Rechteinhaber ausfindig zu machen. Berechtigte Ansprüche werden selbstverständlich im Rahmen der üblichen Vereinbarungen abgegolten.

ISBN 3 8094 0988 X

© 2000 by Bassermann Verlag in der Verlagsgruppe Falken/Mosaik, einem Unternehmen der Verlagsgruppe Random House GmbH, 65527 Niedernhausen/Ts.

© der Originalausgabe 1998 by Carlsen Verlag GmbH, Hamburg
Die Verwertung der Texte und Bilder, auch auszugsweise, ist ohne Zustimmung des Verlags urheberrechtswidrig und strafbar. Dies gilt auch für Vervielfältigungen, Übersetzungen, Mikroverfilmung und für die Verarbeitung mit elektronischen Systemen.

817 6253 4453 62
1098800X03 02